JN110759

あなたの起業が、

人生と世界を変える

JINSEI SEKAI

宇宙経営12のメッセージ

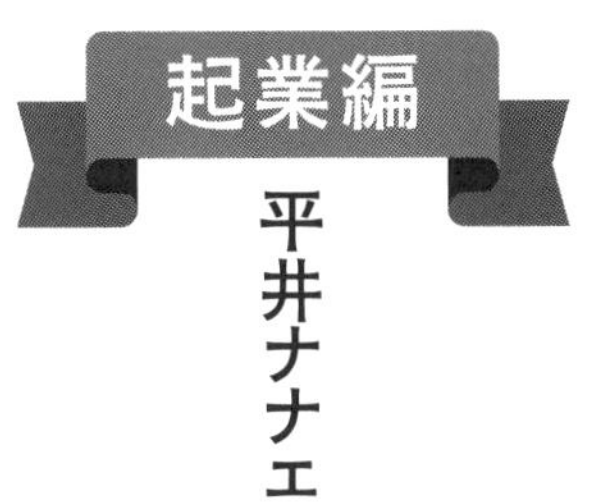

平井ナナエ

RTH出版

はじめに

この本を手に取っていただき、ありがとうございます。
この本は、私の起業経験を振り返り、分析して書きました。
私は今までに、個人事業の起業と、法人の創業を経験しました。
今もなお、新しい会社や、新規事業を創り出しており、複数の会社を経営しています。

私にとって「起業」はＲＴＨ（Return to Human）、「人が本来あるべき姿へ還る環境」へ向かう第一歩だと感じています。

ＲＴＨ（Return to Human）とは、言い換えれば「人が人らしく生きている社会」「人が支え合う世界」「人が優しい世界」「人が応援し合う世界」「人が夢を叶えていく

相手を認める力をつけるには
自分を認める力が一番重要になる。

世界」です。

私が考える「人が人らしく生きている社会」とは、人にはそれぞれ個性があることを認め、それぞれの役目を果たすことです。

そして、人は一人では生きられないことを認識し、知恵を出し合い、つながり合い、支え合う社会です。

誰もが起業する時、怖さを感じると思います。それでも起業しようと思う方にはそれなりの理由があるのだと思います。

私はそうでした。私には起業する理由がありました。

しかし、起業して、たくさんの失敗をしてきました。その失敗のおかげで、今ではほとんど失敗せずに成功する方法を知っています。

仮に失敗のようなことが起こっても、その失敗を前進する力に変える方法を知っています。

もちろん、たくさんの経験をしたからこそです。

（眠る前の時間は
自分の理想を想うことを許すという時間。）

そこで、起業にはそれなりの道があると分析しました。

今では、そんなに険しい道を行かなくても良い時代だと分析しています。

険しい道ではなく、チャレンジが楽しい道の創り方をお伝えしたくこの本を書きました。

私が起業した理由。それは「人が優しい世界」を創ることです。

偉い人も偉くない人もない。みんな偉い。人に上下はない。

お互いを尊敬し、尊重し、感謝し合う、助け合うことで成り立つ世界を創る。

それが私の感じる「優しい世界」です。

あなたの人生がより明るく幸せになるための起業。

あなたの起業で周りの人がより笑顔になる起業。

起業を通じてお互いがお互いを応援し、「自分はできる」という自信を持てるように。

そして、応援している自分を褒めることができるように。結果、応援してもらえる

自分の個性を知っていけば
自分のチームをつくることができる。

自分になれるように。
　そんな起業ができる力になれたら幸いです。

人は、希望があるから生きていける。私はそう思います。
夢は叶います。希望も叶います。
夢を持つことを、自分に許してあげてほしいと感じます。

皆さんが希望を持ち、一日一歩ずつ前進できますよう、この本をご活用ください。
なぜ起業するのか。何のために起業するのか。
この本を活用して、孤独を感じずに成功する道をお進みください。

二〇二三年五月五日
平井ナナエ

人は見ているものや聴いているものに
大きく影響を受ける。

目次

第2章 起業前の「準備編」「何のために?」を育てる

第3章 起業の「実践編」「成功への道」を歩き始める

第1章

「宇宙経営」とは何か

宇宙経営のベースとなった「引き寄せの法則」

私は二十三歳の時、幼い娘三人を抱えたシングルマザーでした。自分の娘三人を養い、娘たちを守るためには、アルバイトや一般社員では生活費を賄えないと思っている時に、偶然にも成果報酬の仕事に出会いました。営業の仕事は未経験でしたが、携帯電話の代理店として独立・起業しました。

この状況だけ見ると、多くの方が「うまくいかない」「失敗する」と予想する状況だと思います。当時、多くの人から、そのように言われました。

しかし、起業の目的が「娘たちを守るため」と理由が明確だった私は、代理店のビジネスに挑戦し、一年で年収は一千万円を超え、日本国内でも有数のトップセールスパーソンになれたのです。

その後、経営に関する経験もない状態でしたが、さまざまなご縁があって、速読スクール「楽読」（創業時の名称は「RH速読」）を立ち上げ、現在では、楽読スクールは、日本国内だけで八十スクール以上、韓国やアメリカなどの海外にも進出する企業にまで成長しました。

なぜ、学歴も経験もなかった私が、こういったことが実現できたのか。それは私自身が**「宇宙の法則」に則って会社や自分の人生を経営する「宇宙経営」を実践し続けてきたから**です。

「宇宙の法則」とは、私たちを取り巻く世界で動いている様々な法則のことを指しています。特に私が大切にしているのは「引き寄せの法則」です。この『引き寄せの法則』を理解できているかどうかで、起業してビジネスを展開する際の成否が大きく変わります。

（やってみないと経験することができない。）

『宇宙経営12のメッセージ　～起業編～』では、起業する前の方、そして起業してから年商一千万円を超えるまでの方を主な対象として、この「宇宙経営」の実践方法、そして「宇宙経営」を進める上で重要な法則の一つ「引き寄せの法則」についてご説明いたします。

『引き寄せの法則　エイブラハムとの対話』（ＳＢクリエイティブ）という書籍は、日本でもこれまでに様々な方が翻訳した本が出版されています。読んでいない方はぜひ、手にとって読んでみてください。

私が成功した理由は、ほぼここに書いてあります（笑）。

そして、この「引き寄せの法則」を基に、私が体験・経験してきたことや学んできたことを組み合わせ、統合したものが「宇宙経営」です。

（どうやったら楽しめるかを見つけよう。）

この本では、最初にベースとなる「引き寄せの法則」について私なりに解説した後で、実際に私がどのように「宇宙経営」を実践してきたかをご紹介します。

望みの方だけを見る

『引き寄せの法則　エイブラハムとの対話』は、実に三百ページ以上もあります。まあまあ分厚い本です。でも、**この本に書いてあることを一言で言うならば「望みの方だけを見る」。もう、ほぼそれだけです。**

『引き寄せの法則』に書いてあることは、とてもシンプルです。それだけに、多くの方にとってはシンプル過ぎて「そうならなかったら？」とか「今、理想の状態じゃないし」と今までのクセで思ってしまうことがあるのではないでしょうか。

ストレートに自分の望み、理想だけを想うことができなくなってしまうのかもしれないと感じています。

だからこそ、**繰り返し『引き寄せの法則』に触れ、再読することをおすすめします。**

人間は忘れる動物です。だからこそ、ことあるごとに読むというのがベストだと思います。私自身も、『引き寄せの法則』を再読し、こうしてアウトプットすることが自分自身の学びにもなっていますから。

「本当の自分との対話」を大切に

大事なのは「本当の自分との対話」です。

これができているかどうかが、とても重要です。ほとんどの人が自分の内側ではなく、外からの情報で自分の価値観を決めてしまっています。それをやめないと『引き寄せの法則』を自分の思い通りに使いこなすことはできないのです。

良いですか。**『引き寄せの法則』は「ある」とか「ない」とか、「自分は信じない」というものではありません。**皆さんが意図していてもしていなくても、作用し続けているものです。

（もしお金に困っている場合、何かの思い込み、概念、情報にやられている。）

皆さん、重力はわかりますね。「私は重力なんて信じない」という人がいたら、どう思いますか？　いやいや、重力があるから、あなたは地球上で生活できているんですよと思うはずです。

実は『引き寄せの法則』もそれと同じです。

ですから『引き寄せの法則』が働かない、作用しないことはありません。皆さんに平等に、同じように作用しています。**私が重要視しているのは、この法則を「自分の思い通りに使えるかどうか」です。**

どうせなら自分が望むもの、自分の理想の状態を引き寄せたいですよね。そのためにどうしたら良いかを解説しています。キーワードは**「本当の自分の想いを大切にする」**。これが最重要ポイントです。

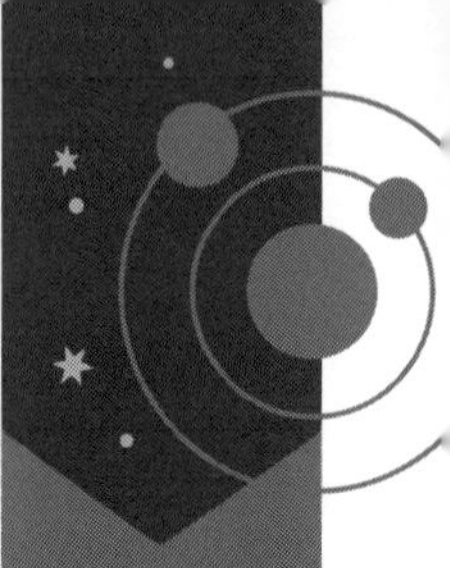

目の前の現実が答え

『引き寄せの法則　エイブラハムとの対話』にも書かれているように、目の前の出来事は全て自分が創り出しています。今、目の前で起きている出来事、現実。これこそが、自分がかもし出している波動が創り上げたものです。これは受け入れるしかありません。

例えば夫婦喧嘩をした時。目の前のパートナーが悪いと思っているうちは「引き寄せの法則」を使いこなすことは不可能です。

「私が創り出したんだ」と思えるようになってはじめて、現実を、未来を、自分でコントロールするスタート地点に立てるのです。

繰り返しますが、引き寄せの法則は勝手に作用しています。大切なことは、それを活用できるか、できないか。活用するためには、目の前で起きていることを自分で創り出したと思うしかない。「認めたくないけど」と付け足しても構いません（笑）。

次に**「感情のナビゲーションシステム」**を上手に使ってください。

今、目の前で起きていることは、過去に自分が発した波動が現実化しています。もし、過去に腹が立ったり、イラついたり、落ち込んだことがあったとしたら。今、目の前で同じことが起こるのは、過去のその波動の影響です。

逆に、過去に楽しかった、嬉しかった、幸せだったという波動を発していた人は、今も同じように思わせてくれる出来事が起こります。これが法則です。

（親を分析すれば
自分がお金にどんな思い込みがあるか分かりやすい。）

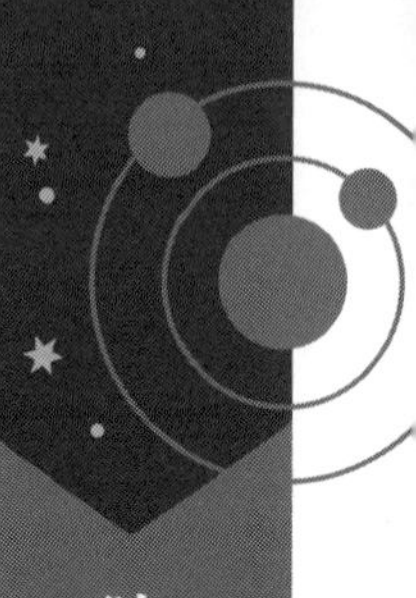

欲しいものに関心を向け続ける

「引き寄せの法則」を活用するために必要なこと。それは**「欲しいものに目を向ける」**ことです。

欲しいものに目を向けながら、「手元にないな」とか「お金が足りないな」と思ったとしたら。これは「ない」に意識が向いている状態と言えます。ですから、どれだけ能天気に「欲しいものに目を向けられるか」が重要です。

「欲しいものに目を向ける」。これはモノだとわかりやすいですね。でも、人や出来事であることもあります。「こんな人に出会いたい」とか「こんな風になりたい」という理想がある。なので、私は「関心を向ける」という表現をします。

結果、うまくいくことは決まっているから
プロセスは何万通りもある。

例えば、私の旦那さまがイラついているとしましょう。その時に私が「何にイライラしているのか」、「なんでイライラしているのか」と思ったとしたら。関心はどこに向いているでしょう？

そう、旦那さまです。あるいは「イライラしていること」に向いています。そうすると、イライラしていなかった私にまで「イライラするようなこと」が起こります。

そんな時は**「自分の気分が良くなるもの」**に関心の向け先を変えます。言い方を変えれば**「見るものを変える」**のです。

イライラする前に気づいて関心の向け先を変えられれば一番良いと思いますが、私も人間ですから、イラついたり、腹が立つことだってあります。

そのタイミングで気づいてからでも、関心の向け先を変えれば良いのです。

（時代の変化を無視して
ビジネスをするのはナンセンス。）

私は二〇〇九年に『引き寄せの法則』の本を再読して以来、このことを徹底して続けました。その結果、どんどん能天気になっていき、欲しいものに関心を向けるとそれがどんどんどん届くという状態になりました。

何に関心を向けるか。それが引き寄せの法則を活用する大きなポイントです。

欲しいもののリストは短い方が良い

引き寄せの法則では、その人の感情の強さに応じて引き寄せる力が変わります。

強く「腹立つ!!」と思うと、再び同じくらい腹の立つことが起こります。では、その真逆は？　涙があふれるくらい感謝するという感情も、同じように強い磁力を持ちます。だから、再び泣けるくらい感謝したくなる出来事が引き寄せられるわけです。

なので、関心を向ける方向、言い換えると「自分の気分が良くなるもの」を用意しておいてください。

私の場合は孫ですね。孫の動画を見ると、もうニヤけてくるのが自分でもわかる

優しいとは自分を殺して我慢することではない。

んですね。幸せを感じられる。ですから、自分にとって「気分が良い」「気持ちが良い」「幸せを感じられる」もの・ことを知っておく、用意しておくことはとても大切です。

そして**「自分の理想を知る」**。

自分の理想がどういう状態かがわからないと、関心を向けようがありませんね。ですから私は**「幸せの五ヵ条」**を作りました。

「仕事・お金・健康・家族・パートナー」この五項目に関して、自分が理想とする状態を書く。そうすると、自分はどんな生き方を望んでいるのかがわかってきます。

改めて『引き寄せの法則』を読んでいて「確かに！」と思ったのが、「最終的にリストの長さに制限を設ける必要はなくなってくる」と書いてある部分。

（お金についての概念が
美しいものでない限り成功しない。）

「欲しいもののリストが長いほど、まだ達成していないことに目が向いて疑いが忍び込む可能性が高くなる」と書いてあります。これは本当にそうです。長々と理想を書いていると、「そうなっていないこと」に関心を向けてしまいやすい。

だから、**「幸せの五ヵ条」を書く時は端的な方が良い**です。極端な話「お金、いっぱい！」くらいの方が良い（笑）。「お金がホニャララでホニャララで」と書くと、この間に「ムリ」とか「今なってない」という感情や知識、経験が忍び込む。これは、多くの人が陥りやすいポイントです。

だから、まずは短文で書いてみましょう。端的に書いて、それが叶ったらまた書き直す。それでも構いません。幸せの五ヵ条はとにかく短く、シンプルに書くことをおすすめします。

（どんなお金持ちでありたいかを哲学する。）

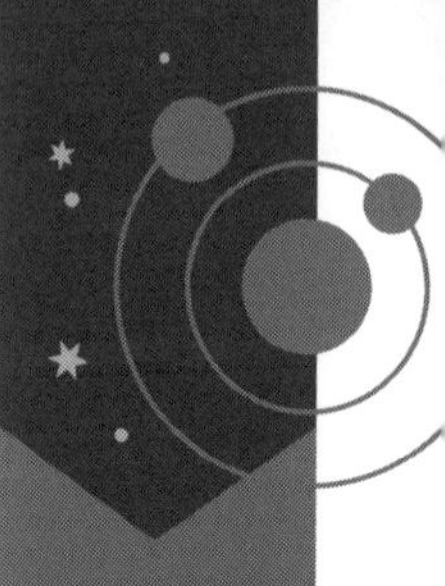

「今」を大切にする

本当の自分と対話するために私が行っているのが「瞑想」です。これは皆さんが思うような瞑想とは違うかもしれません。私が行っているのは、本当に気軽なものです。

目を閉じて、自分と対話をします。どんな対話かというと、「身体の状態はどう?」「気分は良い?」「今日は何をして楽しむ?」といったことを自分に投げかけます。

私がいつも何を意識しているかというと「今」です。

今自分は幸せな状態かとか、穏やかかどうかとか。スピリチュアルが好きな方は「ワクワクしているか」でも良いでしょう。ただ、私はどちらかというと「幸せ」とか「穏やか」を感じたい人です。「ワクワク」が分かりづらい方は「穏やかかどうか」を感じてほしいなと思います。

ちょっとしたことでも構いません。コーヒーを飲んで「おいしいな」とか、ケーキを一口食べて「幸せだなー」とか。このように、今の感情が良い状態かどうかをチェックしてください。その積み重ねが、未来を変えていきます。

良いですか。過去を変えようとしないでください。何かを変化させる時、集中するのは「今」です。過去や未来には、あまりエネルギーを向けなくて良い。未来を創るのには、まあまあなパワーが必要です。ですから**今、少しでも気分が良くなることにフォーカスしましょう。**

例えば、花が好きなら花を見る。ＹｏｕＴｕｂｅを見て楽しい気分になる。あるいは、自然の景色を見て心が穏やかになる。見るもの、聞くもので自分を整えてください。

（やっぱり人間１人では生きられないなぁ。）

何度も言いますね。「引き寄せの法則」は、意図しようと意図しまいと、ほっといても作用しています。なので、自分でこの法則を使いこなそうと思ったら、意図的にやるしかありません。

無意識（潜在意識）を味方につける

人間の意識は「有意識（顕在意識）」と「無意識（潜在意識）」の大きく二つに分かれます。そして目の前の現実を創る源は「無意識（潜在意識）」にあります。

つまり、**自分の人生を理想通りに送るためには、無意識（潜在意識）を味方につけるのが一番手っ取り早い**のです。

具体的にはどうするのか。それは心臓が動くくらい、当たり前に理想の状態を見ることができる。それくらいまで習慣化することです。

最初はとにかく、意図的に気持ちの良い状態をキープすることから始めましょう。

（空気は木々がつくってくれている
このことに気づいてる？）

これはもう努力するしかありません。

そして、理想をイメージする時間をわざとスケジューリングします。「空いている時間にやろう」ではありません。**理想をイメージする時間をスケジュールとして敢えて作る**のです。

これをやり続けて、良い気分になってきたら、次は未来をスケッチします。勝手に未来を描くのです。もし、今できるならばやっておいてください。

例えば、行きたいところがあれば書く。ある意味好き勝手に、スケジュールに書き込みましょう。

私の場合「十月、バリ島に行く」とスケジュールに書いています。行けるかどうかはわかりません。でも、書いておく。わかりますか。そうならなくても死なないですから（笑）、勝手にスケジュールに書き込んでおく。これが未来をスケッチする、未来を決めておくということです。

多くの人が、プロセスが計算されていないと達成されないと思っているようですが、必ずしもそうではないよ、とお伝えしたいです。

何度も言いますね。仮にそうならなくても、別に死なないんです。だから、**未来を勝手に決めて、書いておく。**これが大切です。

使う言葉にも意識を向けたいところです。『引き寄せの法則』にも書いてありますが、**「使う言葉がリプレイされる」**のです。

どういうことかというと、自分をウキウキさせる言葉や、元気になる言葉を使っていると、未来もウキウキしたり、元気になる出来事が起こります。逆に、自分をへこませたり、嫌な気分にさせる言葉を使うと、それがリプレイされるわけです。

だから私は、自分の気分が良くならない言葉を使わないようにしています。もちろん、仕事柄どうしても話さなければいけないこともあります。そういう時もできるだけ自分の感情を乗せずに話す努力をしています。強い感情を伴うと強く引き寄せが作動することを、私は知っているからです。

寝る時に何を想っているか

毎日意図しているし、欲しいものに関心を向けているのに、なぜかうまくいかない、引き寄せられない……という方がいます。そういう方に会った時、私はたいてい**「寝る時、何を想って寝ていますか」**と質問します。寝る時に何を想うか。これがとても重要です。

「意図している」、あるいは「欲しいものに関心を向けている」という状態は、有意識（顕在意識）を使っています。自覚できる意識ですね。

でも、意図していない時は無意識（潜在意識）が働いています。そして、目の前の現実は無意識（潜在意識）が創り出しています。

だから、いくら有意識（顕在意識）で理想を意図して、関心を向けたとしても、**無意識（潜在意識）が理想に関心を向けていなければ、理想とは違うものが引き寄せられます。**

無意識（潜在意識）を味方につけやすい時間があります。寝る時、起きた時、そしてトイレです。特に、寝る時の影響力は大きいです。

寝る時に、何を想って寝るか。それが引き寄せられると言っても良いでしょう。ここを外してしまうと、他のところでどれだけ努力していたとしても、自分の理想を引き寄せられない可能性がある。それはものすごくもったいない。ですから、寝る時に「何を想うか」を決めておいてください。

今日も素晴らしい一日になった

次は起きた時です。**起きた瞬間に笑えるのが一番良い**です。ただ、そう言われたからといって、すぐに明日の朝から笑って起きられる人はそういません（笑）。なので、意図的に「ニッ」と口角を上げる。笑顔を作るだけでも構いません。

笑えていなくても良いです。辛い、悲しい気持ちであっても構いません。**朝起きた瞬間に口角を上げて「ニッ」と笑顔を作る。これだけ意識してみてください。**これだけでも運命が好転していきます。

口角を上げること、笑顔を作ることはそれだけでもパワーがあります。可能であれば、朝起きたときだけでなく、常に口角を上げて日常生活を送ることをおすすめしま

（自己否定感が強いとエネルギーはなくなっていく。）

す。最初はひょっとしたら顔の筋肉がピクピクするかもしれませんが（笑）、だんだん慣れてきます。

加えて、私は起きてすぐに**「今日も素晴らしい一日になった」**と唱えています。「素晴らしい一日になる」ではなくて「なった」です。

これは、私がものすごく苦しかった頃のことです。「今日も素晴らしい一日になる」と言ってから動き出しましょう、と『引き寄せの法則』に書いてありました。当時の私は「今日も素晴らしい一日になる」なんて全く思えませんでした。でも、試してみたのです。すると身体が軽くなって、動ける気がしたんですね。

だから、朝起きたら必ず唱えるようにしました。さらに「なる」ではなく「なった」と過去形で言うようにしました。

私の経験上、手に入れたいものは過去形で思うのが効果的です。「手に入った」、

「そうなった」、「既にそうである」。過去形、あるいは現在進行形で唱えると、現実化しやすくなります。ぜひ、試してみて下さい。

トイレで過ごす時間も、無意識（潜在意識）を味方につけるのには効果的です。今回、改めて『引き寄せの法則』を読んでいて「（この本を）トイレに置いて」とインスピレーションを受けました。なので、トイレに『引き寄せの法則』の本を置いてみたんですね。

実際にトイレに『引き寄せの法則』を置いてみて、本にはパワーがあるんだなと感じました。

言葉には言霊、パワーがあります。つまり、言葉が書かれている「本」には自ずとパワーが宿ります。

特に『引き寄せの法則』は、宇宙存在である「エイブラハム」が地球人の質問に答えるというQ＆A方式で書かれています。それだけ、パワーが強い。その本をトイレに置いてみると、波動が変わるんです。トイレは個室で狭いので、一層変わりやすいのかもしれません。

トイレで言えばもう一つ。見えるところに自分が理想とする状態の写真やイメージを置くのも効果的です。

私の仲間は、トイレに座ると目の前に、自分が叶えたい夢や理想、現実化したいイメージや写真を貼ったボードを置いていました。後から聞くと、全部達成されたと言ってましたね。

寝る時、起きた時、トイレ。この三つの時間を意識して、無意識（潜在意識）を味方につける工夫をしてみていただきたいと思います。

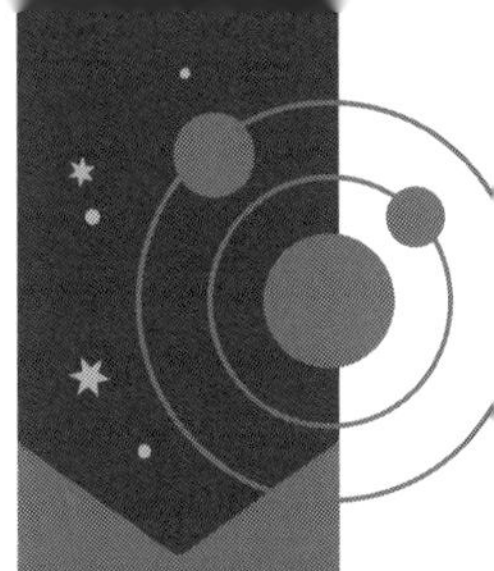

許容し可能にする術

引き寄せの法則を知って、色々取り組んでいるにも関わらず現実化しない……という場合、何が起きているのか。**私は恐らく「想うことを許せていない」のではないかと疑っています。**

私は引き寄せの仕組みを「棚ぼた」で考えるとわかりやすいと思っています。「棚ぼた」、わかりますか？　「棚からぼたもち」ということわざです。

棚があって、そこにぼたもちが置いてある。で、棚が何かの拍子でパンっと外れると、ぼたもちが手元に届く。そんなイメージをしてみてください。

（　肉体がないと痛みを感じることができない。　）

棚の上に置いてあるのが、言い換えれば私たちの理想・希望です。それが自分の手元に届いても良いと思えていたら、その理想や希望は届きます。

「想うことを許せていない」場合は、棚もなければ、棚の上に理想・希望も置いていないことになります。これでは、引き寄せが起こるはずがありません。

なぜそうなるのか。自己否定が強いと、自分の理想を想うことを許せなくなります。究極を言うと**「私は幸せになってはいけない」と無意識（潜在意識）に入っている人が少なくない**のです。これはなかなか厄介です。

「私は幸せになって良い」。このことに気付かないと、その希望を素直に想うことができません。むっちゃ努力が必要です。ただ私は、努力してでも希望を持ってね、と思います。それを想うだけでも何かが変わっていきます。

ですから、次の三つの問いを、ぜひ自問自答してください。

（自分のことを知らないと活かすことができない。）

「理想を想うことを許せていますか？」
「自分のわがままを許せていますか？」
「自分の個性を認めていますか？」

多くの人が「わがままはダメ」と教えられて育ってきています。あるいは「みんなに合わせなさい」と言われてきたはずです。

私はそういう考えがなかったので、自然と引き寄せの法則を活用できたのだと自己分析しています。だから、落とし穴はここにあると私は思っています。

「想っているのに叶わない、実現しない」という人がたくさんいる。それはほとんどの場合「想えていない」あるいは「想うことを許せていない」。これが理由です。

繰り返し書きますが、「引き寄せの法則」はいつでも、誰にでも作用しています。自分の理想が引き寄せられないとするならば、必ず無意識的に邪魔をしている情報があります。これを紐解いてください。

ぜひ、上記の三つの問いを自分に何度も投げ掛けてみてください。この三つの問いに躊躇なく「イエス」と答えられるようになれば、引き寄せの法則を活用できる下地ができたと言えます。

（相手をジャッジした時にそうした自分を許す。）

自分を認めれば、相手を認めることもできる

自分の個性は「良いところ」です。全員一緒なわけがありません。ですから、**自分の個性を認めることができると、相手の個性も認めることができる**ようになります。

同じように自分のわがままを許せると、相手のわがままも許すことができるようになります。自分の言い分を許すことができたら、相手の言い分も許すことができます。

自分を許す・認めるということは、相手を許す・認めることにつながります。

良いですか。この部分を「わかる!」と思える方は、相当自分のことを「イケてる」と思えているはずです。

苦手には克服したいものとしなくていいものがある。

これこそまさに、「**自己肯定できているかどうか**」です。では、自分を肯定するためには、どうしたら良いのか。その際に実践してほしいのが「**マル付け**」です。

その名の通り、自分にマルを付けること。自分にマルを付けるとは、自分を許すことであり、自分を認めてあげることです。これはもう、とことん実践してください。

もっと言えば、お風呂に入った時に自分を抱きしめて、自分の存在を認めてあげてください。「よく生きてる！」「エライぞ！」と自分で自分を許容してください。そういうことの積み重ねで「想うことを許す」ことができるようになっていきます。

（起業して成功するプロセスは
100人いたら100通りある。）

全ては良くなるために起きている

「どんなことでも自分を褒められるように考え方を整える」。

これも大切なことです。とにかく、自分を褒める。認める。マルを付ける。これを徹底的にしてください。

例えば、遅刻してしまったら、すかさず「遅刻してでも行こうとした自分、エライ！」とか。寝坊してしまったら「寝坊したけど、起きた！」と、捉え直す（笑）。これはとても大切な考え方です。

社会の中で、私たちは「ダメ出し」を受ける機会がとても多いです。その上、自分まで自分にダメ出ししてしまうと、自分を認められなくなってしまいます。

だからこそ、**自分を認める。許す。労う。自分の存在を認めてあげる。**これを大切にしてください。

そして、**起きている出来事を「良くなるために起きている」と捉えられるようにすること**。これも修練が必要です。普通、トラブルが起きた時に「良くなるために起きている！」とは思えませんね。「なんでこんなことが起きちゃったんだろう」「最悪だ」と思うのが自然です。

でも、「全て良くなるために起きている」。どう良くなるのかは「後でわかる」。こう唱えておいてください。思えていなくても良いです。唱えるだけで構いません。

目の前のトラブルがなぜ起きているのか、私たちには、その瞬間はわかりません。

でも、「良くなるために起きている」と自分の中でセットしておくと、そうなる確率が断然上がります。

「全て良くなるために起きている」といつも唱えるようにしておくと、そういう思考回路を作る訓練、習慣がついてきます。この回路が強化されていくと、最近の私は「トラブルはプレゼントや！」とすら思っています（笑）。そうなれば、全ての出来事は良い方向に向かっていきます。

「全ては良くなるために起こっている」。もう一つ挙げるとすれば「大丈夫」。この二つの言葉には、ものすごいパワーが秘められています。何かあるたびに、この言葉を唱える。そうすると、起こる出来事は変わっていきます。

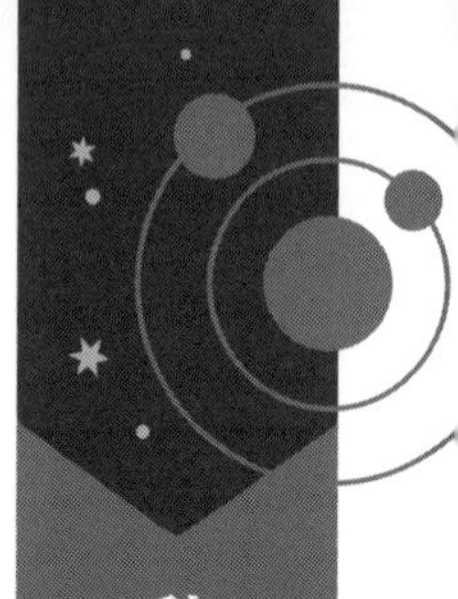

動く前に結果を決める

次は「**節目ごとの意図確認**」。これは、私が愛読している翻訳版に出てくる表現です。別の本では「場面ごとの意図確認」となっているものもありますね。言い換えれば「動く前に決める」、これを私は習慣付けました。

例えば、この本を書く前。私はこの本をできるだけたくさんの方が手に取り、起業して幸せになられることを意図して書きました。

もっと言うと、この本の執筆が終わったら温泉に行きます。そして「温泉に入ると身体がリラックスする」と決めておく。何をする時も同じです。アクションを起こす前に、結果を決めておくのです。

多くの方はアクションを起こす前に、その時間を使った結果を決めていないことがほとんどです。確かにこれにはパワーが必要ですから、**アクションを起こす前に結果を決めて、メモ帳に書いてから動く。**これに取り組むことをおすすめします。

アクションを起こす前に結果を決める。言い換えれば「意図してから動く」ということは「**未来を計画している**」とも言えます。今の思考が未来を創ります。

何も意図せず、理想や希望を見ないで生きるのは、言わば惰性で生きていることと同じ。「節目ごとの意図確認」は、常に理想を想う訓練になっているわけです。

この『引き寄せの法則』に書いてある内容で、改めてすごいなと思ったエピソードをご紹介します。誰かから番号非通知で電話がかかってきた。出てみると、相手がわかる。「あ、久しぶり！　〇〇ちゃん」と、会話が始まる。

この本には、そこで「ちょっと待って」と相手に伝えて一旦電話を置きなさい、と書いてあるんです。電話の相手がわかったから、この相手と電話した結果をあらかじめ決めてから、もう一度電話に出なさいと。

私も読んで笑っちゃったんですけども。これは強烈な節目ごとの意図確認だなと思うわけです。そのくらい徹底的であれ、と。

結果を決めて動くのと、結果を決めずに動くのと。人生が全く違うものになることは、よく理解できるのではないかと思います。

（　応援してくれる人と出会っていますか。　）

人が生まれてくる「三つの理由」

もちろん、引き寄せの法則など気にせず、未来を描くことなく、惰性で生きていく。それも一つの生き方です。ただ、人は**「幸せになりたい」「人を元気づけたい」「成長し続けたい」、この三つを経験したくて生まれてきている**と、エイブラハムは言います。

ですから、本当に未来を計画しない生き方で良いの？　と私は問いかけたくなります。特に、この本を手に取って読んでくださっている方々はこの三つ、「幸せになりたい」「人を元気づけたい」「成長し続けたい」を感じられているのではないか、と思います。

（本音が言える人を探してください。）

このことに全く関係ない、興味がないと思う方は、そもそもこの本にピンとこないし、目にも入らないはずです。

この本が何か気になって読んでくださっているということは、この「生まれてきた理由」を心のどこかで知っている、あるいは思い出したいと思っている。そんな感じではないでしょうか。

それでも、意図通りに行かなかった……と感じることはあるでしょう。そんな時、どうするか。

もう、ここまで読んでくださった方ならおわかりですね（笑）。

そう、「全て良くなるために起こっている」と唱えるのです。落ち込んだり、へこんだりする必要はありません。

これは筋トレのようなもので、常に自分の理想を想うことを繰り返しているのです。意図通り行かなかったとしても、もう一度自分の理想を想う。それを繰り返していくうちに、どんな時にも自分の理想を見続けられる筋力が徐々についていきます。

常に理想の状態を見る。自分の気分が良い状態を保つ。自分との対話を意識する。こういったことが習慣化するまで続けていくのです。

一回筋トレをしたらすぐに筋肉がつくわけではないのと同じように、一朝一夕で習慣が身につくわけではありません。だから、すぐに結果が出なくても良いのです。まずは最低三ヵ月、続けてみてください。

ここがポイントですが、自分の理想を引き寄せられたかどうかをすぐにチェックしないでください。すぐにチェックすると「引き寄せられてない」と思ってしまうからです。**三ヵ月後、六ヵ月後、九ヵ月後、一年後という三ヵ月周期で確認してみてください。**

応援してくれる人を探そう。

「なってない」、「引き寄せられていない」方にエネルギーを注いでしまうと、さらにそれを引き寄せてしまうことになります。だからこそ、丁寧に見ることが大切です。三ヵ月経ってみると、自分では気付かなかったけれど、確かに意図通り、理想通りになっていることが見つかるはずです。

冒頭にも書きましたが、「宇宙経営」とは自分経営です。起業やビジネス、お金にまつわることと、人間関係、パートナーシップは別々のものではありません。全ては一つの法則の下に成り立っています。

ですから、この宇宙の法則を理解し、身につけることが出来れば、ビジネスで成功することも、経済的に豊かになることも、幸せな人間関係を築くことも、パートナーとの良好な関係を続けていくことも、必ずできるようになります。

次の章から、いよいよ「宇宙経営」の実践編に入ります。特に起業してから年商一

（ やった人からしかアドバイスをもらわないこと。 ）

千万円を超えるまで、さらに「RH速読」を立ち上げ、ビジネスが軌道に乗るまでのお話をメインにご紹介していきます。

さらに、「宇宙経営」を実践していく上で、特に起業する前、起業したばかりの皆さんに役立つと思われるポイントを「12のメッセージ」としてまとめました。

ぜひ、共に実践して、豊かで幸せな人生を送りましょう。

（自分の好きなことで人の役に立ちたいと強く思い続けるとその経験が現れる。）

Case Study「宇宙経営・起業編」の事例紹介（二十代・会社員から起業編）

宇宙経営を実践して、起業して年収一千万円を突破し、その秘訣をまとめた本を出版した事例を紹介します。

二十代・会社員から起業
真渡一樹さん（ニックネーム・ズッキー）

Before 宇宙経営に出会う前

私（平井ナナエ）が出会った頃のズッキーは、二十代の会社員。毎日残業で疲れ、自分が目指していることと、目の前の仕事とのギャップに苦しみ、どうしたら良いかわからずに疲れている……という印象でした。

楽読インストラクターになって独立・起業した後、数年は売上げが上がらず、かなり苦労していました。千葉出身のズッキーが、仕事の転勤に伴い大阪に引っ越して、慣れない土地や文化、知り合いや人脈もない中で、ゼロからビジネスをしなければならない苦労もあったと思います。

でも、ズッキーがすごいのは**「あきらめなかった」**ことです。どんなに苦しい想いをしても、たとえ一日の食事がコッペパン一個だけの日があったとしても「絶対に成功する」、「必ず上手くいく」を見続けたことです。

宇宙経営の実践例

「絶対に成功する」ことを決めていたからこそ、ズッキーは私に食らいついて「宇宙経営」の真髄を吸収し、実践していきました。ズッキーは、この本に書いた私の「成功する方法」を一つずつ、徹底的にやり続けたのです。

例えば「節目ごとの意図確認」。本書でも書きましたが、アクションを起こす前

（目の前にあること、できることからやってみる。）

に自分が得たい「結果」を決めておくことは、宇宙経営を実践する上で重要なポイントです。

私とコミュニケーションを取った際、意図の確認が甘かったことに気付いたズッキーはこの「節目ごとの意図確認」を徹底的にやり抜きました。ズッキーの本で紹介されている「十倍理論」も、ある意味「節目ごとの意図確認」の派生と言えるでしょう。

様々な取り組みを地道に実践した結果、ズッキーが担当したスクールは右肩上がりで成長。彼自身も年収一千万円を超えるようになりました。その後、配置転換で新たなスクールの立ち上げを担当してもらいましたが、「宇宙経営」の本質を掴んだズッキーはもちろんこれも成功させます。

After 宇宙経営を実践後

現在は、奥さんと一緒に地元・千葉に戻り、「楽読」東松戸スクールを運営する傍ら、個人起業家の成功に特化したオンラインサロン『スモールビジネスカレッジ』を主宰しています。今では、大好きな仲間やお客様に囲まれて、イキイキして自分の人生を生きています。

夢を持ち、自分が理想とする世界を実現したいと独立したにも関わらず、何故か上手くいかない……。どうしたら、ビジネスで成功できるかがわからない……。

そんな方はぜひズッキーの本を読んでいただき、さらにはズッキー本人に会ってみることをおすすめします。ズッキーは「上手くいかなかった経験」をしています。だからこそ、「上手くいっていない」人のことがよくわかるし、「その人がどうしたら成功できるか」の勘所もわかるように感じます。

なぜ働くのか、を明確にする。

これはほめていないように聞こえるかもしれませんが、ズッキーは良い意味で「スゴそうではない」のも良いところです。

いかにも「スゴイ」人を見ると「この人は元々すごいから、年収一千万円稼げるんでしょ」と思ってしまうこともあるでしょう。

ズッキーは、良い意味で本当に「フツー」です（笑）。それでも、本当の自分を生きているイケてる起業家になれるのです。そういう意味でも、ぜひ、自分に自信がない方はズッキーの事例もヒントにしてみてください。

ズッキーの著書『こんな時代だからこそ、「本当の自分」を生きて、「経済的に自由」になってもいい！』では、上手くいかない時のマインドセットや、実際に「何をすればいいか」、「どう実践するか」のアイデアが満載です。ぜひ、手にとってみてください。

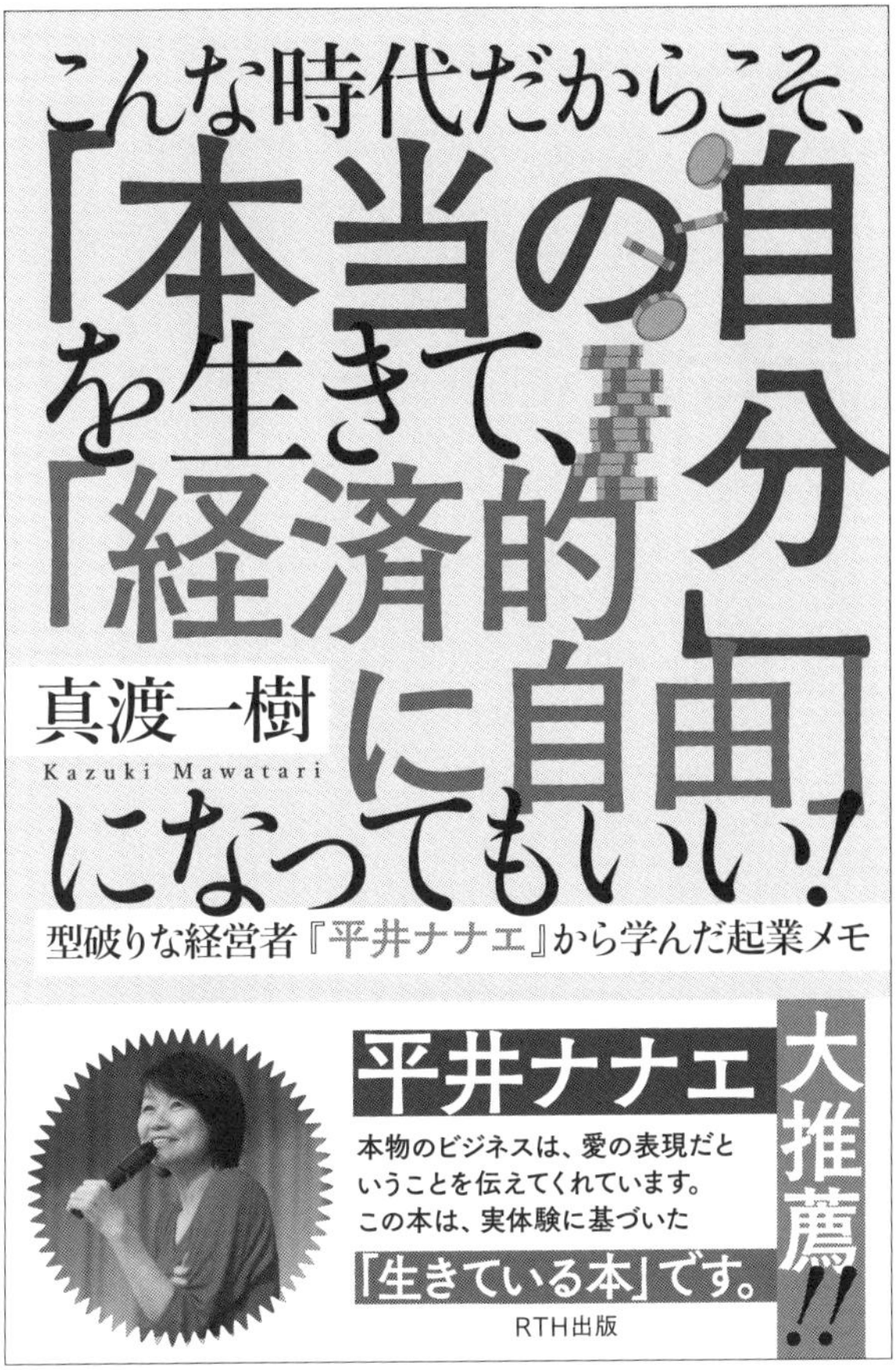

こんな時代だからこそ、「本当の自分」を生きて、「経済的に自由」になってもいい!
型破りな経営者『平井ナナエ』から学んだ起業メモ
真渡一樹
Kazuki Mawatari
平井ナナエ
大推薦!!
本物のビジネスは、愛の表現だということを伝えてくれています。
この本は、実体験に基づいた
「生きている本」です。
RTH出版

こんな時代だからこそ、「本当の自分」を生きて、
「経済的に自由」になってもいい!
型破りな経営者『平井ナナエ』から学んだ起業メモ

真渡一樹著　　RTH出版

（ 気が合うっていうのは 根拠がない。 ）

第2章

起業前の「準備編」

「何のために？」を育てる

Message 1

人からの「応援」を受け取る

今の時代、なぜ「起業」なのか？

この本を作るにあたって、私は二つのことを考えました。

一つは**「宇宙経営を実践して、年収一千万円を超える人を増やしたい」**。起業した人の多くが、年収一千万円を目標に掲げるのなら、その夢を実現する人を増やしたいと思ったからです。

もう一つは**「これからの時代は、もっと女性が稼いだ方が良い」**。この二つでした。

一つ目の「宇宙経営を実践して、年収一千万円を超える人を増やす」。

宇宙経営を実践したいと思う方は、言い方に語弊があるかもしれませんが「心のきれいな人」だと思います。

自分の私利私欲のためにお金を稼ぐとか、自分さえ良ければ良いという発想ではない方が、「宇宙経営」を実践したいと思ってくださっていると私は感じています。

こういう「心のきれいな人」が一千万円稼ぐようになると、何が起こるか。自然と「社会のために何かしたい」「未来の子どもたちのために行動したい」「もっと世の中が良くなる、みんなが幸せになるために動きたい」と思うはずです。

そんな方々が千人いると仮定すると、ざっくりですが、それだけで百億円が動くわけです。それだけ経済力や影響力を持った人たちが「社会を良くするために」動いたとすれば、私の目からは「もう、それだけでなんでもできるようになる」と見えるの

（　お金がありがたいものになっていないと成功しない。　）

です。

言わば「ホワイトパワーのある集団」が出来上がるということです。とは言え、こうした皆さんに私の指示通りに動いていただきたいわけではありません。

ただ、「社会のために何かしたい」という熱意を持つ人が一千万円稼げる経済力を身につける。それによって社会は今以上に良い方向へ動いていく。私はそれを意図して今回の本を作り始めました。

もう一つ、「これからの時代は、もっと女性が稼いだ方が良い」ということについて。これは、私が多くの男性を見て「苦しそう」という印象を持ったことが一つの要因にあると思います。

「男性がお金を稼ぐもの」、「男性は自分が好きではないことをしてでも稼ぐべき」といった今までの「常識」に縛られ、多くの男性が苦しい思いをしているように見えたのです。

一方で、女性たちは女性たちで「自分が稼ぎすぎると、家庭内でのバランスが崩れてしまうのではないか」「扶養の範囲内で働きたい」といった、これまた「常識」に縛られている。

女性がもっと楽しく、軽やかにお金を稼ぐことで、男性たちの「稼がなくてはならない」という固定観念を外せる可能性があると思ったのです。

私が主宰する「宇宙経営オンラインサロン」に参加してくださっている方は、ほとんどが女性。しかも、先ほども書いた「心がきれいな人」ばかりです。こういう女性たちが経済的な力を付けることで社会がより良い方向に進んでいく。そう感じています。

だからこそ私は、今回の本のテーマを「一千万円稼げる人を一人でも多く増やす」

（年収1000万円を難しいと思っていると難しくなる。）

ことに設定したのです。

★**プロセスは「十人十色」**

「一千万円稼ぐための方法」。言い換えれば、起業してから成功するまでのプロセス。これは、百人いたら百通りあると私は感じています。

ですから、まずこの本を手に取ってくださった方にお伝えしたいのは**「囚われないでください」**ということです。

この本では、私がどのように独立・起業して年収一千万円を超え、さらに日本国内八十スクール、韓国やアメリカにも進出する速読スクールを展開してきたかのお話をしていきます。

私のお話は確かに「成功例」かもしれません。でも、「ナナちゃんの言う通りにしないと成功しない」とは思わないでほしいのです。

先ほども書きましたが、成功するまでのプロセスは百人いれば百通りある。ですから、**「私は私のプロセスで成功して良い」**と、最初に自分自身に伝えてあげてください。

学ぶ姿勢のある方、真面目な方が陥りやすいのは、色々なことを聞き、学んで「そうしないと、うまくいかない」「私にはそれができない」とブレーキを踏んでしまうこと。こういうケースがとても多いと感じます。

だからこそ、「こうしないとうまくいかない」とか「私はそれができない」と思わないでください。この本では私の経験談・体験談をたくさん書いていきますが、「ナナちゃんはそうしたのね」という読み方、受け取り方で大丈夫です。

（セールスという言葉をきいて
自分がどう感じるかチェックしてみる。）

その中に、少しでも「あ、それやってみよう」と感じるものがあればトライしてみる。その意欲だけ持っていただけたら、とてもうれしいです。

私が今まで成功してこられたのは、あくまでも「ナナちゃん流」です。私のやり方がぴったり合う人もいれば、合わない人もいる。一部は合うけれど、一部は違う人もいる。

自分の個性、自分の才能、自分の性格を活かして成功する。それこそが「宇宙経営」です。そして、自分の個性や才能、性格を活かして成功することこそが皆さんの喜びになります。

自分が本当に好きなこと、やりたいことを追求する。それで、成功する。これは本当に何とも言えない、人生最大の喜びと言えるものではないかなと私は感じています。

その喜びをこの本を手に取ってくださった皆さんと一緒に、味わっていけたらと思っています。

★「何のために」起業するのか?

私がなぜ、経営をしているのか。もっと原点に遡って言えば、なぜ独立・起業をしたのか。

これは、完全に「三人の娘たちを守るため」でした。

私が起業したのは二十三歳の時。なぜ、個人事業主として仕事を始めたかと言えば、当時は「シングルマザーが働ける場所がほぼなかった」からです。「母子家庭のお母さん」というだけで、採用面接を受けられる先がものすごく限られる。

その上、「子どもがいるなら無理」「子どもが熱出したら休むような人は雇えない」

「離婚なんかしないで、我慢していたらよかったのに」とまで言われることがたくさんあったのです。

もっと言うと、私には娘が三人いましたから「この給料では生活できないな」とも思いました。万が一どこかに勤めることができたとしても、お勤めして頂ける給料では娘三人を養っていくことはできない。そう考えて、私は完全歩合制の個人事業主として仕事をすることに決めたのです。

そして、私は娘が四歳、三歳、二歳の時、両親に頼みました。「今から三年間で一生食べていけるくらいの仕事をするから、子どもたちを見ていてほしい」と。そのくらいの覚悟で個人事業主としての仕事を始めたわけです。

「なぜ、起業するのか」。これは私の場合、まずは三人の娘たちを養い、育てていくため。もう少し言えば、この子たちが幸せに生きられる社会を創ってあげたいと思ったからに他なりません。

現在私が仕事をしている理由も、突き詰めていくと子どもたち、さらには五人の孫たちが幸せに、生きやすく生きていける社会を作るため。そのために何ができるか。この一点に尽きると思います。

これも色々な理由があって良いのです。私のようにある意味追い詰められ、切羽詰まった状況の人もいるかもしれません。自分が豊かになるため、という人もいるかもしれませんし、家族を守るため、という人もいるでしょう。「自分らしく生きたいから」という人も増えていると思います。

起業する理由は何でも良いのです。目標やビジョンも、決して大きくなくてはいけないということはありません。「目の前の人を幸せにしたいから」でも構いません。

事実、私が今仕事をしている原動力は「目の前の人が幸せでいてほしいから」です。もちろん、その先には理想の世界や、ビジョンがあります。でも、出発地点は「目の前の人が幸せでいてほしい」ということです。

「普通」だなと思うでしょうか。人によっては、小さな目標だと思うかもしれません。でも、そのことに自分でバツを付けないでほしいなと感じます。

起業するからには、何か大きなビジョンがなくてはいけないんじゃないか、大きな目標がなくてはダメなんじゃないか。何かが足りないんじゃないか。そう思うと、起業できなくなりますし、成功への道も拓けません。

もし、自分らしく生きたいから起業するのだとしたら、そのことを自分に許可し続ける。この「想う」ことすら許可できなかったら、起業はできません。

「今いる会社が嫌だから」「もっとお金が欲しいから」「もっと自由に生きたいから」でも良いのです。

★自分の希望を「発する」こと

「起業したい」という人の中には、「どんなビジネスで起業したら良いかわからない」「自分は何が好きかわからない」「自分の才能がわからない」という方もけっこう多くいらっしゃいます。

そういう方に、私は「まずは、その『想い』を受け止めて、許容してあげてね」とお伝えしたくなります。

「自分の才能を活かして人のお役に立ちたい」という気持ちがあるならば、「そうなって良い」と自分に許可を下ろすこと。「何が好きかわからない」ならば「好きなことを仕事にしても良い」と認めてあげる。

そう、希望を発するのです。

失敗で失われるものはある
そのおかげで生まれるものもある。

いつもお伝えしますが、「どうやって?」というプロセスは無視です。ただ、自分の想いを認めて、希望を見る。そうすると宇宙は、私たちに思いも寄らない形でメッセージを届けてきます。

あなたが「夢」や「希望」を語るとき、否定してくる人とは話さないでください。それがたとえ優しさから出ているものだとしても、否定のエネルギーに引っ張られてしまうからです。

もし、あなたの大切な人が優しさから否定をしてくる時には「私の成功は後から見せるね」と思って、その否定を受け取らないでおいてください。

★自分の想いは、自分がわかっていれば良い

「なぜ、起業するのか」「なぜやるのか」は、自分自身がわかっていれば良い。もっ

と言うと、周りの人に「わかってもらおう」とすることを止めることをおすすめします。

良いですか。「なぜ起業したい」と思っているか。それが、自分の想いです。それを大切にしてください。自分自身が、そのことをわかっていれば、それで良い。

そして、自分自身の想いを、あなた自身が認めてあげてください。自分にエールを送ってあげてください。実は、全てはそこから始まります。それが「種」です。

もし、あなたの身の回りの人が、あなたの想いを応援してくれる人なら、良いのです。でも、時に否定する人もいます。むしろ「起業する」という話をすると、否定されることの方が多いかもしれません。

私自身も二十三歳で起業すると決めた時、周りからは大反対されました。

私が最初に始めた事業は、携帯電話の代理店でした。当時はまだ今のように携帯電話が普及していませんでしたから、端末を無料で配って、月々の通信料で稼ぐというやり方がありました。なので、誰かに携帯電話を持ってもらうと代理店にインセンティブとして二～三万円の収入が入る仕組みがあったのです。

代理店加盟料は、五十万円。当然、完全歩合制で固定給はありません。加盟料を払ったら貯金はほぼゼロ。当時の私は三人の娘がいるシングルマザーで、会社勤めの経験はかろうじてあるけれど、ビジネスの経験はゼロに等しい。そんな人がなけなしの五十万円を出して、起業しようとしている……。

もし、あなたの友人がそんなことをしようとしていたら、どうしますか？　ひょっとしたら、「止めておいた方が良いよ」と、止めるかもしれません。

私の周りの人もそうでした。

（3年ぐらいやると
自分がそのことに向いているかどうか分かってくる。）

「止めといた方が良い」「失敗するかもしれない」「うまくいくはずがない」と、止めてくれました。

でも、私の中には「絶対に成功する」という意識しかありませんでした。加えて「万が一失敗したとしても、経験が残る」という考えがありました。

これは、私のハートが相当強かったから行けたのだと思います。普通の人、心優しい人は、周りの人から否定されたり、止められたりしたら「自分が間違っているのかな？」と思うかもしれません。周りの人の影響を受けるのが、普通です。

一番良いのは「応援してくれる人に話す」環境を作ることです。人からの応援をもらえると、やはりエネルギーが出たり、勇気が湧いたりします。

私は両親からの「応援」をずっと感じていました。私の両親は私のことをもちろん心配していました。でも、それ以上に私のことを応援してくれているのを感じていました。

だから私は「宇宙経営オンラインサロン」を作りました。私の感覚で言えば「作らされた」のだと感じています。

宇宙経営オンラインサロンは人が人を「応援し合う場」になっています。それは私が応援を受けてきたのを感じて今まで生きてきたからでしたし、私も沢山の人を応援したいと思っているから。結果、人を応援したい人が集まってきてくださっているのだと感じます。

第一歩は自分が想うことを許可する。自分自身にエールを送ること。次に、自分の本音を言える人を見つけてください。

そして、その本音を応援してくれる人と一緒にいられる環境を見つけてください。そうでないと、起業して成功する確率が低くなります。

逆に、応援してくれる人がいたならば、スカイダイビングのように、あるいは川下りのように、スイスイと進んでいけるはずです。

★許容し可能にすることから、全てが始まる

私は仕事上、多くの仲間と向き合ってきました。仲間たちの話を聞き、彼ら、彼女らがどうやったら成功するのか、コミュニケーションをとって分析をしてきました。

おかげで「音」(その人が発しているバイブレーション、あるいは状態)を聞くと、目の前の人がなぜ成功するのか、あるいは成功しないのかがわかるようになってきました。

そして、その人と両親との関係が、何か影響しているらしい……ということまでは

（稼いでいる人で理想だと思える人を探す。）

紐解くことができてきました。ビジネスやお金の面では、主に父親。人間関係に関しては母親との関係が強く影響するようです。

父親との関係がよくなかったり、何か反発や嫌悪感があると、ビジネスがうまくいかなかったり、お金で苦労したりする。一方、母親との関係が悪いと、人間関係を構築する際に支障が出たりする、ようなのです。

それが私の場合はなかった。もちろん反発したり、反抗した時期がなかったわけではありませんが「両親がいなければ、今の私はない」と心の底から思っています。

私の父は在日韓国人二世です。当時は今以上に在日韓国人に対して良いイメージがなく、就職するのがとても難しい状況でした。

父は十八歳の時に塗装業者に丁稚奉公で入り、工場で寝泊まりをしていたそうです。お風呂なんて当然ありませんから、ホースの水で身体を洗う毎日。

そして、十九歳の時。塗装を担当していた先輩が病気で倒れたのだそうです。その時が、父親にとっては大きな転機でした。父は十八歳で丁稚奉公に入ってから、仕事が終わった後もずっと塗装の修行を繰り返していたのです。

夜中に塗装の練習をして、終わったら洗い流す。そして朝には何もなかったかのようにまた仕事をする。そんな日々を送ってきた父。だから先輩が倒れて、突然仕事が回ってきても問題なく対応ができたのです。

そして二十歳の時にはその技術を持って独立。ある大企業の下請けの仕事を始めるようになりました。独立し、収入が安定した頃には自分の両親を大阪に呼び寄せ、家族全員が住める家を建てたのです。

その父がいたからこそ、私は生まれてくることができました。さらに、健康に成長することもできたのです。そのことを心の底から感謝しています。だから、ビジネスやお金の面である程度成功することができたのかもしれません。

冒頭にも書いた通り、私は「こうでなければ成功しない」「こうしなければいけない」と言いたいわけではありません。

ただ、もし、今のあなたが自分の両親に対して「恨み」や「憎しみ」といった感情を持っていたとしても、その「恨み」「憎しみ」の感情を持っている自分自身を許容してあげてください。その気持ちを「持っていて良い」と、心から許す。そうすると、次の扉が開くはずです。

Message 2

お金の概念・不安

★あなたが成功する方法は、あなたが知っている

先にも書きましたが、私が最初に始めた事業は携帯電話の代理店でした。

当時の私は三歳、二歳、一歳の三人娘がいるシングルマザー。両親にも娘の面倒を見てもらうことはありましたが、そこまで仕事に多くの時間を割ける状況ではありませんでした。

その当時、私がしていたのは「結果が出ている人を徹底的にマークする」こと。

「徹底的にマークする」とは、言い換えれば**「結果が出ている人がやっていることを**

（何かを嫌だなぁと思った自分に×（バツ）をつけない。）

マネる」ことです。

私の場合、実際にビジネスをしている人、そして成功している人からの話だけを聞いていました。事業が大きくなり、会社を経営する立場になってからは「経営者」の言うことだけを参考にしてきたと思います。

世の中には、自分がやっていないのにアドバイスをしたがる評論家のような人がたくさんいます。ですから、ここは要注意です。「やってきた人」の意見だけを聞いてください。「やったことがない人」の話は聞いても無意味だと私は感じています。

私がビジネスを始めてすぐの頃、「私にはできないこと」をアドバイスしてくる人が多かったのを覚えています。裏を返せば、仕事に割ける時間が少ない私でもできること、実践できるアドバイスをしてくれる人はほとんどいませんでした。

ここでつまずいてしまう人も多いと感じます。周りからの「こうしたら良い」「こうすればうまくいく」というアドバイスを聞いて、「自分にはできない、だから成功しないんだ」と思いこんでしまう。

でも、そんなことはありません。あなたが成功する方法は、実はあなたにしかわかりません。

もちろんあなたがやろうとしているビジネスや活動で成果を出している人からのアドバイスならば、耳を傾ける価値はあると思います。

それでも、心に留めておいていただきたいのは**「あなたが成功する方法は、あなたにしかわからない」**ということです。

私の場合、シングルマザーが子育てでどれほど時間を取られるか。やったことがない人にはわからないでしょう。それは仕方がないことです。それなのにムチャなアドバイスをしてくる人に対して、私は当時「私にもできるアドバイスをせーよ」と思っていました（笑）。

良いですか。アドバイスをしてくれる相手が悪いわけでもないし、そのアドバイスを実行できない私が悪いわけでもないのです。相手のアドバイス通りにできない自分を、あなた自身が責めないでほしいのです。

携帯電話のビジネスを始めた頃、私は全国トップクラスの営業成績だった野村さんを徹底マークすることにしました。野村さんは私に「続けられるようにしときき」と言ってくれました。

そして、「一日何分なら時間取れる？」と尋ねました。私は「五分くらい」と答えました。野村さんは「そんなら、その五分だけはこの仕事しときや」と言ってくれました。

「それならできる」私はそう思いました。

目の前に起こることは全部、
自分の無意識が起こしている。

私はその日から、午後九時からの五分間は何があってもセールスの仕事をすると決めました。ある日はカタログを読んで製品の勉強をし、ある日は自分が関わってきた人をリストアップし、ある日は一本だけ電話をかけてみる。

「一日たったの五分では何にもならない」と思いますか？　もっとたくさん時間をかけて、もっとがんばらないと成功できない。そう思うでしょうか。

でも、私は成功しました。少なくとも、ビジネスを始めた初年度で年収一千万円を超えたのです。

★成功する理由があったから年収一千万が届いた

成功するために、あるいは、まずは直近の目標として「年収一千万円」をクリアするために。いちばん大切なのは「成功した後のイメージを持つ」ことです。

「失敗したらどうしよう」と思うこともあるでしょう。しかし、失敗について考える時間はムダです。何のトクもありません。

「どうしたら成功するか」を考えるよりも、「成功する」ことを選び続ける。私はずっと成功を選び続けてきた、という感覚があります。

確かに、「失敗」が頭に浮かぶこともなかったわけではありません。でも、そんな時は「成功を選ぶか、失敗を選ぶか」と自分に問いかけ、当然「成功」を選ぶことをし続けてきました。

「成功するためにやってる」

そう強く思えていたら、成功するための道筋や取り組みが自然と見えてきます。

（ 目の前の現象は、
何に気づかせるために起こってる？ ）

ただ、これは相当強い精神力が必要らしい、ということがわかってきました。人はどれだけ「成功する」を選び続けようとしても、つい「失敗したらどうしよう」「どうしたら成功できるだろう」と考えてしまうようです。

ある意味、それはそれで仕方がないことかもしれません。私のように「娘たちを路頭に迷わせないためには、成功するしかないんや！」と必死のパッチになれる人、あるいはそういう状況に置かれている人はそれほど多くないのかもしれません。

なので、私は最近**「カンタンだと思える環境に身を置く」**ことをおすすめしています。どういうことかというと「成功するのは難しい」という人と「成功するのはカンタン」という人。どちらの人と一緒にいると、成功できそうでしょうか。

もちろん「成功するのはカンタン」という人ですよね。

（ 起業前にお客さんを見つけておくこと。 ）

同じように「年収一千万稼ぐのは難しい」という人と「年収一千万稼ぐのはカンタン」という人、どちらと一緒にいたら年収一千万に届きそうか、ということです。

これは不思議なもので「イケる、カンタン」と思えば、人はそのゾーンに到達することができます。私が起業したときは、おそらく無意識にそういう人と一緒にいることを選んでいたのだと思います。

個人事業主、あるいは起業したての方にとって「年収一千万」が一つの壁になっているように感じます。この壁を超えてしまうと、実は多くの人がそう簡単には落ちなくなります。言い換えると、勝ち続けることができるようになる。

そういう意味では「この人でも年収一千万円超えてるの？」という実例を見るのは良いですね。年収一千万円を超えているのは「スゴイ人」、「自分とは違う」と思いこむのではなく、良い意味で「この人が？」みたいな感じ（笑）。

その実例を見て「じゃあ私もイケる」と思えたら、壁をクリアしやすくなる。これが、私の最近の研究結果です。

いずれにせよ「年収一千万円、イケる！」と思える、思いやすい環境に身を置いていただくことをおすすめします。

（身近な人が反対するのは
自分を想ってくれているから。）

Message
3

お金を検証する

★「自分を知ること」が成功につながる

成功するために。もっと具体的に言えば、お金を稼ぐために必要なことは何か。

それは「自分の状態を知ること」です。

自分の状態がわからないと、自分で自分をコントロールすることができません。

反対に自分のことを知れば知るほど、自分の育て方や自分のコントロール方法も分かっていきます。なので、ぜひ「自分とのコミュニケーション」を大事にしていただきたいなと思います。

その第一歩として**お金のプランを考えること**が大切です。自分が生きていくために、あるいは自分と家族とを養っていくために、毎月いくらのお金が必要なのかを明確にしましょう。

起業しようとしている方の中でも、これがわかっていない、あるいは漠然としている方が多い印象があります。

もっと言うと**「『最低で』いくら必要か」**です。入ってくる分にはいくら多くても良いわけですから、大切なのは「毎月最低でもいくら必要なのか」を把握することです。

私は三十三歳のときに、それまでやっていた携帯電話の代理店をクビになりました。月収二百万円稼いでいたのが、いきなりゼロになったのです。そして速読のビジネスを新たに始めるにあたって、私は自分自身に問いかけました。

「毎月、最低いくら収入があったら大丈夫？」と。

クビになる前は月収二百万円稼いでいたわけですから、最低でも百万は必要かな……などと頭で考えていましたが、自分に深く聞きに行くと「二十万円」と聞こえてきたのです。

いやいや、二十万円で足りるわけがないでしょ……。当時の私はそう思うわけです。でも、そこから内なる存在との会話を通じた分析が始まったのです。

確かに考えてみると、家もある、車もある。生活に必要なものは、ほぼ目の前に揃っている。ということは、確かに最低限生きていくためには月に二十万円もあれば充分か……と納得してしまったのです。

（パートナーの言っていることではなく
やっていることを見る。）

毎月最低二十万円の収入があれば生きていける。このことに納得すると「何をしても二十万円くらいは稼げる」という何とも言えない自信というか、不安が無くなる感じが自然と湧いてきました。

目標を高く置きすぎると「できるかな」「大丈夫かな」と不安になります。一方で「最低いくら必要か？」をきちんと把握すると、不安が無くなる可能性が高いです。ぜひ、まずはこれを確認していただきたいと思います。

その上で**「売上はいくら必要か」**を設定します。

「最低いくら必要か」は収入の話です。起業して自分でビジネスをする場合には、それ以外の支払いなども計算に入れなくてはなりません。

例えば、スクールや事務所など、場所を借りてビジネスをするならば家賃もあるでしょう。仕入れにかかる費用もあります。その他の支払いでいくらかかるか……と考

（　自分が充電される環境を持つ。　）

える必要があります。

私は創業した当初「売上が五十万円あれば生きていける」と感じました。生活していくのに最低二十万円、そして諸々の支払いをするのに残り三十万円という計算でした。

この「月商五十万円」は、初めて起業する方にとっての第一目標になると私は感じます。この第一目標がクリアできると、自分に自信がついてきます。そして少しずつ余裕が出てきます。

自信がついて余裕が出てきたら、自分の周りの人のため、例えば子供のためにもっと稼ぎたいと思うようになる。そうすると月商八十万円、言い換えれば年商一千万円が見えてくるのです。

起業したい人に話を聞くと、最初から目標を年商一千万円とか、年収一千万円に設定している人がめちゃくちゃ多いです。

これは恐らく「月収百万円くらいあるのが良い」という報道や情報、そういったものが無意識に入っているからではないかと感じます。先ほど書いた月商五十万円、年商六百万円を目標に置く人はほとんどいません。

でも、自分が毎月最低いくら必要で、いくら月商を上げる必要があるのか。これを知っているのと知らないのとでは、ビジネスに向かう気持ちが全く違ってきます。ですからまずは、この数字を入れてみてください。

★ビジネスは「設計図作り」から

「最低限、これだけあれば生きていける」のゾーンをクリアすると、次は「周りの人のため、みんなのためにもっと稼ぎたい」というゾーンに入っていきます。

例えば、家族。あるいは、一緒に働いてくれる仲間や従業員さんのために稼ぐという意識が芽生えてきます。

私はビジネスに関して「設計図を作る」ようなイメージを持っています。どんな家でも、建てる前には必ず設計図を書きます。この間取りはどうかとか、天井の高さとか、ここに間仕切りを入れるのかとか、扉をどこにつけるとか。細かく決めていくわけです。

この本を書いているタイミングで、実は沖縄県の南城市にヴィラを建てる計画が進んでいます。まだ建設は始まっていません。普通こんなところに家を建てようと思いませんよ、という原野のような土地（笑）を、四百坪抑えました。

このヴィラも、私だけが使うためにならば、建てる必要はありません。私はこのヴィラを、宇宙経営を実践する経営者たちが集まれる場所にしたいと思って建設を進

（自分は生きているだけで素晴らしい
そう思える場所を見つける。）

めています。これも「周りの人たちのために、もっと稼ぎたい」という想いの表れと言えるかもしれませんね。

話を戻しましょう（笑）。土地を抑えてヴィラの建設を決めてから三～四カ月にわたって、設計図の打ち合わせを繰り返しています。自分たちの納得がいく建物にしたいからです。綿密に打ち合わせをして、設計図が出来上がってから実際の建設に入るわけです。

これはビジネスも一緒。売り上げを上げるための「設計図」を作って、それが「いける！」と思えたら成功します。

わかりますか？　この設計図を書いている段階はまだ「机上の空論」です。南城のヴィラも出来上がっていません。まだ原野の状態のままです（笑）。でも、設計図さえ出来れば完成しそうな気がしませんか。

自分の我がままを許せているから
人の我がままが許せる。

「いける！」と思える設計図を書くこと。これこそが成功するためには何より大切なのです。

私の場合、スクール運営をしていた頃は月に二百万円の売り上げが必要でした。当時は楽読が二十四回のコースで約十三万円。ということは二百万の売り上げを上げるためには約二十人の方が入会してくれればクリアです。

ここから設計図を書いていきます。

一カ月は四週間あるから、一週間に五人契約が必要。当時の私は契約率がだいたい三十パーセントくらいだったので、一週間に十五人体験していただければ、目標売上が達成できると考えました。

当時は水曜日、土曜日、日曜日に体験会を設定していたので、各回に五人ずつ体験を受けてくださるように設計していったのです。

（嬉しい言葉をかけてくれる人を探す。）

数字が合いますよね？　私はこの数字を見たときに「これならイケる」と思いました。**自分自身が「イケる！」と思えたら、イケるんです。目標を立てても達成できないのは「イケる！」と心の底から思えていない可能性が高い**です。

目標が高すぎるのか、あるいは、自分に自信がないからなのか。ひょっとしたら「そんなに稼がなくても良い」と無意識的に思っているからかもしれません。

ここで言いたいのは「設計図を書く」こと。そしてその設計図を見て「イケる！」と思えているかどうかです。それに加えて大切なのが仲間の存在です。近くにいる人が「イケる！」と思ってくれる、応援してくれる。その熱量は必ずあなたのエネルギーになります。

私の場合、創業当時「イケる！」と言ってくれる仲間、応援してくれる人はほとんどいませんでした。だから、自分の「イケる！」という感覚を信じるしかなかった。

（　元気じゃない時は落ち込むような言葉は聞かない。　）

もちろん、それでも成功できます。でも、それには相当の根性がいると思います(笑)。みんながみんな、自分自身の「イケる!」という確信だけで進めるわけではない、と私は感じています。

私のパートナーのヨンソがいつも言いますが、本当に人間が成功するためには「環境」が大切です。あなた自身が「イケる!」と思えること。加えてあなたがやろうとしていることを「イケる!」と信じて後押ししてくれる環境があること。この二つが揃えば、必ずうまくいきます。

子どもがエネルギッシュなのは
内なる存在と同化しているから。

Case Study 「宇宙経営・起業編」の事例紹介（三十代・ママさん起業家編）

宇宙経営を実践して、起業して年収一千万円を突破し、その秘訣をまとめた本を出版した事例を紹介します。

子育てママさんの起業事例
青山ひろみさん（ニックネーム・ぴろみん）

Before 宇宙経営に出会う前

大学卒業後に名古屋でウェディングプランナーとして就職。その後、広告会社に転職して雑誌の広告営業を担当していました。

特に長かったのが、社会人が習い事やスキルアップのための学校を探すための「スクール紹介雑誌」の担当。元々、学ぶことが好きだったこともあり、数多くあるスクール事業の中から「楽読」を選び、受講を開始したそうです。

ぴろみんが楽読のインストラクターとして独立・起業したのは、子どもが生まれて、まだ一年足らずの頃。普通に考えれば「時間がない」とか「子育てと起業の両立は無理」と考える状況でしょう。インストラクターの仕事をするにしても、まずは自分でスクールを開校するのではなく、「既存のスクールで、インストラクターとして活動しよう」……と考えるのが一般的かもしれません。

宇宙経営の実践例

「宇宙経営」と出会ったぴろみんは「内なる存在」との対話を大切にしました。

ぴろみんは、自分の内側に「自分でスクールを開校する」という理想があることに気が付いたのです。そして「自分にはできる」と思っていることにも。

この「内なる存在」との対話に基づいて、「子育てをしながら起業する」ことを決めたのです。それがぴろみんの強さであり、まさに「宇宙経営」の実践だと感じます。

一般的に「起業」には「大変そう」とか「食べていけるか心配」といった固定観念がくっついているように私は感じます。そこに「子育て」も加わると、「無理」とか、「今じゃない方が良い」とか、「子どもに手がかからなくなってから」と考える人も多いかもしれません。

いいですか。これは全て良いも悪いもありません。「子育てに集中したい!」と思うお母さんは、それを貫けば良いのです。でも「子育ても大切だけれど、すぐにでも起業したい」という想いがあるならば、それは叶えて良いし、叶えることもできる。

それを、ぴろみんは教えてくれていると感じます。

(最低いくらあれば安心できるかを
自問自答してみる。)

ぴろみんはいい意味で「頑張っていない」ところが素晴らしいと感じます。自分が好きなこと、やりたいと思ったことに制限をかけていないように見えます。一方で、自分が成長するための努力は惜しまない。

「頑張らない」＝「努力しない」ではありません。

例えば「長時間労働をしない」「自分がやりたいと思えないことはしない」。これがぴろみんの考える「頑張らない」ということ。

どれだけ「これをやるべき」とか「これをしないと成功しない」と言われていることが、世の中の「常識」だったとしても、自分がやりたくないと感じることは、徹底的にやらないと決めて取り組んでいます。

寝る時を大事にしていますか。

After 宇宙経営を実践後

でも、自分が成功するため、成長するためにに必要だと思うことには、誰よりも真剣に取り組んでいます。その結果、ぴろみんが立ち上げた「楽読」一宮駅前スクールは開校初年度に売り上げ六百万円。二年目には売り上げ一千万円を超え、三年目には利益が一千万円を突破。それからずっと右肩上がりだそうです。

また、雑誌広告の営業時代や楽読などを通じて彼女が学び、身に付けてきた考え方や物事の捉え方を統合して「タイムハック道場」という新たなコンテンツを開発。こちらも順調に伸び続けています。

ぴろみんの仕事術や考え方は、著書『子育て優先で、週休3日・年収1000万の仕事術』で詳しく紹介されています。起業したい、でも子育てもおろそかにしたくはない……というお母さんや女性たちに、ぜひおすすめの本です。

（呼吸に意識を置いていますか。）

子育て優先で
週休3日・
年収1000万の
仕事術
子育てママが頑張らないで自分らしく稼ぐ方法
青山ひろみ
Hiromi Aoyama
なりたい自分になろう♪
日本一の速読教室「楽読」創業者
平井ナナエが大推薦!
子どもを持つ
お母さん達へ――。
ぴろみんの生き方・働き方は、多くの女性の
希望になるものです。本書を読んで、自分を
苦しめる思い込みから解放されてください。
RTH出版

子育て優先で、週休3日・年収1000万の仕事術
子育てママが頑張らないで自分らしく稼ぐ方法
青山ひろみ著　　RTH出版

深い呼吸をできていますか。

第3章

起業の「実践編」「成功への道」を歩き始める

Message 4

働くことの意味を明確にする

★自分の理想を明確化する「五つの問い」

紆余曲折あって、私は三十三歳のときに携帯電話の代理店を辞めました。正確に言えば、理由もわからずクビになりました（笑）。

でも、私自身が「四十歳までこの仕事を続けていたくないなあ」と心のどこかで思っていたのも事実。そういう意味では宇宙的に「強制終了」させられたと感じています。

そして、三十五歳のときに速読のビジネスをスタートします。

（　自分の中を感じに行く時間を持つ。　）

ご存知の方もいらっしゃると思いますが、最初は速読の方法を教えるＤＶＤ教材のセールスをしていました。その後、私はおじの持っていたビルの一室を借りて速読教室を開いたのです。

私の中では二十代前半でビジネスを始めた時は「起業」。この三十五歳で速読のビジネスを始めたのは「創業」と捉えています。そして、この「起業」と「創業」では「なぜその仕事をするのか」の意味合いがちょっと違っているように感じます。

二十代の私が働く理由はシンプルに「娘たちを守るため」。

これだけでよかった。

当時の私は特別な大きな使命やきれいごと、明確な志を持っていなかったと思います。今振り返ってみても、それでよかったのです。

（　自分の希望を書く。　）

三十五歳になって「娘のため」を考えたとき、あと五年もすると、かわいい長女が二十歳になる。私はそのとき「かわいい娘を今の社会に出したくない」と思ったんですね。だから、この社会を少しでも、私が考える理想の状態に変えていきたい。そう思いました。

そのために「人が本来あるべき姿へ還る環境提供」を目指して『ＲＨ速読』、現在の『楽読』のビジネスをスタートさせたのです。

私がこのビジネスを始めた時に「観たい」と思った世界は、娘たちが安心して働いている、安心して仕事ができている世界でした。社会に出て、就職して、上司にわけのわからないことで怒られたり、理不尽な扱いをされることがないように。優しくない世界に娘たちを送り出したくない、と思ったのです。

「なぜ働くのか」、「なぜこの仕事をするのか」。加えてあと三つ、起業を目指す皆さんに自問自答して、分析していただきたい項目があります。箇条書きで挙げておきます。

- なぜ、働く？
- なぜ、その仕事をする？
- その仕事でどんな世界を創りたい？
- どんなつながりを作りたい？
- どんな働き方をしたい？

ぜひこの五つの質問を自分の内側に聞きに行き、分析してください。そうすると、自分の理想が見えてくるはずです。

「できる・できない」は一旦置いておいてください。まずは自分の理想をぜひ書き出すことに集中しましょう。

その自分の望み・理想をきちんと感じてみると、ものすごいパワーが湧いてきます。

（出来事を他責にすると
未来をコントロールできなくなる。）

そのパワーを感じて、原動力となるエネルギーを使ってビジネスを展開していくのです。

★理想を共有することの大切さ

働くことの意味や考え方を、一緒に働く人と共有すること。これはとても大切です。

私が「この五項目を分析しましょう」と皆さんにお伝えしたくなるのは、私自身が創業時に大失敗をしたからです。この考え方を理想だなと思ってくれる、共有できる人と一緒に仕事をしなければうまくいかないことがよくわかったからです。

一体、何が起きたのか。

私はＲＨ速読をスタートさせた後すぐに、五年レッスン受け放題で五十万円というコースを作りました。

今考えても、自分で「アホやなー」と思います。

だって、当時はまだRH速読がスタートして数ヶ月しか経っていなくて、五年後もスクールが続いているかどうかわからない状況。普通に考えれば、そんな状況の会社に五十万円も支払う人はいないでしょう。

でも、思いついたから作ってみました。当時RH速読を受けてくれていた人たちの多くは、自分自身も起業していたり、会社を経営している人が多かった。それもあって、私のアホなプランを「オモロイ!」と言ってくれる人が多かったんですね。

結果、二十人もの人がそのプランを買って、五十万円出してくれました。つまり、いきなり手元に一千万円が入ってしまったのです。そんなコースを作る方も作る方ですが、買う方も買う方だと今でも思います(笑)。

宇宙経営は自分経営。

これはあくまで五年間のレッスン代を「前受け」しているだけ。もっと言うと「人が本来あるべき姿へ還る環境提供」をするために、五年分のレッスン代という形で私に「投資」してくださった。だから、このお金は未来につながることに使わなくてはいけない。私はそう受け取っていました。

でも、働く意味や考え方を共有していなかった創業時のメンバーは、そうではありませんでした。

「そのお金をちょうだい」「一千万円あるやんか」「私たちにも分けてくれて良いはず」という声が上がり始めたのです。

いやいや、違うと。私たちはこの仕事を通じて理想の世界を創るために働いているんだよねと思ったし、相手もそのつもりでいると思っていました。

（今、あなたは何に挑戦していますか？）

でも、そうではなかった。あるいは、そうだったかもしれないけれど、目の前にお金があると目の色が変わる、奪い合ってしまうということがわかったのです。

この出来事があって、創業時のメンバーは一人を残して全員辞めました。

これは私自身が「働くこと」を自分自身で哲学して、言葉にできていなかったのが問題だったと、後から気が付きました。

なぜ働くのか。なぜこの仕事をするのか。

それをしっかりと共有できていれば、あの一千万円がどういう意味を持つお金で、どう使うべきなのかをきちんと伝えられたはずです。起業当時は、私自身がそのことをきちんと理解できていなかったし、伝えることもできていなかったのだとわかったのです。

ですから**「自分自身がなぜ働くのか」「この仕事を通じて、どんなことを実現したいのか」をまず明確化**すると同時に、**その理想をきちんと共有できる人と一緒に仕事をする**こと。これから起業する皆さんにはこれをお伝えしたいです。

ちなみに、私自身はこの出来事があって以来、一緒に働く人で困ったことはありません。「なぜこの仕事をするのか」を仲間たちときちんと共有し、共鳴した仲間と仕事をしているからです。

「類は友を呼ぶ」。私は「類友」と言ったりしますが（笑）、類友で仕事をするのが、実は一番うまくいく。私はそう感じています。

（挑戦して得られるものは何だと思いますか？）

Message 5

事業テーマをどう選ぶか

★目の前にあることは「宇宙の采配」

起業したいけれど「何をやったら良いかがわからない」という方も多いのではないかと思います。事業内容やテーマが決まっていない、どれをやったら良いか選べていないということもあるでしょう。

こういう方に対して、私は**「目の前にあることを始める」**ことをおすすめします。

普通はいろいろ考えて、検討して……とやるのだと思いますが、私は目の前にあることを始めたら良いと思っています。

これは宇宙経営的、あるいは「引き寄せの法則」的な事業テーマの選び方とも言えます。実はあなたの**「目の前にある」ということは、引き寄せの法則的に言えば、自分が引き寄せている**のです。これは無意識なので、自覚できないかもしれません。

自分が「やりたい・やりたくない」はひとまず置いておいて、目の前に来たことをやってみる。すると、自分の意外な才能に気付くこともあるでしょうし、反対に「これだけは絶対にイヤだ」という体験をすることもあるでしょう。

良いですか。それはどちらも「宇宙の采配」です。

宇宙は意外と、私たちのすぐ目の前に「やった方が良いこと」を置いてくれます。ですから、何度もあなたの目の前に「届けられているもの」はないでしょうかと皆さんに問い掛けたくなります。

私の場合まさに「速読」がそうでした。

私は友人から速読教材ＤＶＤのセールスをしてほしいと言われて、何度も断りました。私は「速読」に興味がなかったから。それなのに、繰り返し頼まれる。最後に言われたのは「一度で良いから速読の先生に会ってみて」でした。

そう言われて私は、断る気満々で先生に会いに行きました。ところが実際にお会いしてみると、その先生は本当に穏やかな方で、私には徳の高いお坊さんのように見えたんです。そして「この人の頼みを一度も経験せずに邪険に扱うのは心が痛む」と思い、速読レッスンの体験を受けてみることにしたのです。

その決断が、今につながっています。そういう意味では本当に運命的でした。

これはまさに宇宙的采配で私の目の前に「速読」が渡されたということです。自分がそんな意図をしていないけれど、やらされる・持ってこられるものがあります。

（　自問自答する時間を持っていますか。　）

ですから、皆さんも目の前にあるものを「興味がないから」とか「これは自分がやるべきことじゃない」と考えるのではなく、**ひとまず「やってみる」ことをおすすめします。**

届いたことに取り組むことで、経験を積むことができます。私もたくさん失敗しました。その経験があるから今があります。これは間違いありません。

だから、頭でアレコレ考えて、目の前に届けられているものに取り組まないと、うまくいく経験も、失敗する経験もできなくなってしまいます。だから、命取りにならないレベルのものであれば、届いたものはトライした方が良い。私はそう思います。

★「自分のできる範囲」で始める

事業を始める際には「自分でできる範囲」で始めることも大切です。

あなたのタイミングがある。

特に、どれくらいお金を使って何が得られるかのバランスは絶対に見落とさない方が良いです。見栄とか「こうしなければいけない」という固定観念で始めると、たいていコケます。

私の場合、RH速読を大阪で始めた時がまさにそうでした。RH速読は私のおじが持っていた会社の一室を借りることができたので、家賃ゼロでスタートできました。そこでスムーズに滑り出すことができたのは本当にラッキーでした。

ただ、受講生さんが増えるにつれて不便なことも出てきました。例えば、おじの会社で保有しているビルの一室なので、スクールの看板が出せない。セキュリティが厳しいビルだったので、夜の時間帯にレッスンを入れることができない……。こういったことが起こりました。

その頃にはある程度資金もでき、売り上げも順調に上げられるようになっていたの

（　全て良くなるために起こっている。　）

で、大阪の梅田・中津に事務所を借り、新しくスクールをオープンしたのです。もし、最初から中津の事務所を借りて創業していたら、もっと苦しかったでしょうね。

「見栄でやらない」ことはとても大切です。この「できる範囲でやる」ということを、意外とみんなやろうとしません。

「アップル・コンピューターは、スティーブ・ジョブズが自宅のガレージで創業した」というお話を聞いたことはありませんか？　これは例え話かもしれませんが、私はそういう方がうまくいくと思います。

創業時に見栄を張って事務所などをきれいにしすぎたり、お金をかけすぎるとだいたいコケる。だから、まずは自分ができる範囲で始めるのが良いと私は思っています。

事業選びでもう一つ大切なこと。

それは自分ができないこと、合わないことを始めると大変になる、ということです。「これが儲かるんだろうな」とか、「こうすべきなのかな」という考えで事業を選ぶと、後々自分が大変になります。

私の場合、二十代でセールス、営業の仕事をしました。でも、私はもともと営業ができる性格では全くありませんでした。むしろ超苦手です。

二十代の頃は営業のために誰かと会って話し始めると、おでこいっぱいにブツブツができるくらいイヤでした。それでも、私は娘のために成功するしかなかった。だから、必死で克服しました。

あの経験があったおかげで今の会社を立ち上げ、ここまで続けてくることができたと実感しています。ですから、苦手なことを必死でがんばる経験が必要な時期もあります。

しかし、自分にとって苦手なこと、できないこと、嫌なことをがんばり続けるのはおすすめしません。むしろできること・できないこと、得意なこと・苦手なことをちゃんと分析した方が、人と協力するときに楽ちんです。

自分の「できない」を認めることができると、仲間の「できない」も認めることができます。そうすると、助け合いが始まるのです。

これからの時代、一緒に働く仲間とのコミュニケーションは「なんでできないの」と責めるのではなく「どうしたらできるか」、「何ができるか」、「どんなことが得意か」を引き出してあげるのが基本。二十一世紀はもうそうなっていくと私は確信しています。

★ビジネスプランは応援者と創る

事業テーマを選び、ビジネスを進める上で最も大切なことは**「自分のミッションを明確に持つこと」**です。

なぜこの仕事をするのか、なぜ働くのかという意志をしっかり持っていれば、それに合った人と出会えますし、ビジネスもうまくいきます。

RH速読を立ち上げた直後、今後のプランを考えようと思っていた時に、私はある人と出会いました。彼は「ナナエさん、これで勝てませんか」とビジネスプランを書いた資料を持ってきてくれたのです。私からは何も言ってないのに、です。

その資料には速読スクールをフランチャイズ展開する事業計画が書いてありました。一ヶ月に何店舗増えると一年後にはこれくらいの店舗数になっている、といったプランが書かれていたのです。

今から思えば大雑把な部分もあったかもしれません。でも、私はそれを見た瞬間に「イケる！」と思いました。細かい説明は、実はほとんど読んでいません（笑）。

でも「フランチャイズ事業」という文字と数字の推移を示したグラフを見たときに、私の中で雷が鳴ったような衝撃があったんです。そして、これならイケる！と思えたことが大きかったのです。

私自身も決してビジネスプランを立案するのが下手な方ではありません。でも、創業時にスクールを運営しながら、受講生さんを増やしながら、フランチャイズ事業を含めたビジネスプランの立案までできたかと言えば、おそらくムリだったと思います。

しかし、自分の使命・ミッションを明確に持っていたからこそ、そのタイミングでビジネスプランを考えてくれる人が現れたのです。

これは、商品やサービスを生み出す時にも言えます。**あなたを応援してくれる人の意見を聞いて、話し合って作り上げていく**のです。

私が最初に楽読のメソッドを創った時、最初に二十人くらいお金をもらわずにレッスンを提供しました。言ってみれば「実験台」です（笑）。

「私が考えた速読のレッスン受けてみて」「どんな結果が出るか実験したいんです」と知り合いに情報を流したところ、二十人が体験に来てくれました。

で、実際にレッスンをしてみると、こういう結果が出るということが体験的にわかりました。この結果を受けてレッスンを体系化し、料金プランを作りました。

そうなると、このメソッドが「商品」になるわけです。このプランを発売したところ、実験台として受けてくれた人が「お金払って受講するわ」と言ってくれたのです。

（　言ってることとやっていることと結果を一致させる。　）

今から考えてみると、この時点でこの人たちはもう潜在的顧客でした。もし、あなたが自分の商品やサービスに自信がなく、信用もまだない状況だとしたら。まずはあなたの商品・サービスを無料で提供するのはアリです。

「無料で商品・サービスを提供するから、モニターになって」と依頼して、興味を示す人は潜在顧客です。全く興味がない人は無料であっても反応しません。

もちろん中には体験を受けただけ、実験台だけで終わった人もいます。私はその方々を「私を応援してくれる人」と見ていました。「あなたのおかげでこのメソッドができた」と思っていましたし、そう伝えていました。

こちら側がそういう状態でいると、体験に来てくれた方は私のビジネスを気にかけてくれます。そして、体験だけで終わった人が別の人を紹介してくれることもたくさんありました。

自分の商品やサービスが社会から求められているかどうか。これを知るのはとても難しいと思います。それこそ経験が必要です。

私はレッスンの実験台になっていただくことで潜在顧客を集めることと、自分のサービスが社会から求められているかどうかを知ることができました。

もし、今から起業したいけれど応援してくれる仲間がいない、実験台になってくれる人がいないという方は、宇宙経営オンラインサロン内にある「宇宙経営楽校」というサークルや、色々な人が自分の商品やサービスを提供する「マルシェ」でアウトプットしてみるのが良いと思います。

そうすると、あなたが提供しようとしている事業が社会や世の中から「求められているか」、「求められていないか」が実験できると思います。

何度も言いますが、宇宙経営オンラインサロンは「応援し合う場」です。なので、

「この商品・サービスがもっと良くなるためには？」という潜在顧客から意見をいただけるのは、とても有意義で価値のあるものです。

（ 理想が叶うために寝る時を大事にする。 ）

Message 6

マーケティングを実践する

★自分の商品・サービスの「切り口」を考える

次に「マーケティング」についてお話しします。

でも「マーケティング」というのは、よくわからない単語なんです、ぶっちゃけ（笑）。そして、これを勉強する方も多いです。

私は勉強よりも「実践」を重視するタイプです。

創業時から私はほとんどマーケティングを勉強したことがありません。もしかしたら、勉強したほうが時短にはなっていたかもしれません。

ただ、どちらにしても「実践」しかないと思っています。マーケティングを学ぼうと思っている、あるいは学んだ方はぜひ実際にやってみる、実践してみていただきたいと思います。

マーケティングは「マーケット」から派生した言葉です。マーケットとは、日本語にすると「市場」。

まず、**自分の仕事における「市場」について考えてみてください。自分の商品・サービスは誰に向けて作ったものなのか。これをたくさん書き出してみてください。**

その想いが大切です。

私の場合、「楽読」を誰に向けて作ったかと言えば「脳みそがパンパンになって苦しんでいる人」でした。本を速く読みたい人に向けて作ったわけではありません。

そして、その商品・サービスを「手に取る人」を考えました。

楽読で言えば、本が早く読めるようになるトレーニングを用いることで、受講生さんの脳みそが余裕のある状態になります。つまり、「時間にゆとりができる」メソッドを作ったのです。

わかりますか。言い換えると、**一つの商品・サービスをいくつかの「価値」で説明できる**のです。例えば、「本が速く読める」のはもちろん、「時間にゆとりができる」「あなたが幸せになれる」「あなたの頭がスッキリする」「悩みがなくなる」など、何通りにも説明できてしまうのです。

これがわかっていると、チラシやホームページ、ランディングページと呼ばれる商品やサービスを説明するウェブサイトのデザインができます。

むしろ「誰に」「何を」伝えたいかを自分自身がしっかりと把握していないと、チラシやウェブサイトを作っても意味がありません。

私の印象ですが、マーケティングのプロはこのあたりを聞いてきます。「誰に向けてなのか」「その人がこの商品・サービスを受け取るとどうなるか」ということを「デザイン」していくわけです。

- 誰に向けて作った商品・サービスなのか。
- 商品・サービスを受けた人にどうなってほしいか。
- その商品・サービスをどんな切り口で伝えたら手に取ってもらえるか。

このあたりをぜひ書き出してみてください。実際にチラシやウェブサイトを作るのは、その次のステップです。

そして、こうしたツールを作る際にもぜひ「自分と相性の合う人」と組んでください。私の場合、サービスを提供する側の想いを聞いてくれない、汲み取ってくれない人が好きではありません。

中には私の想いを汲み取るのではなく「こうしたらもっと売れますよ」とか「こうやったら人気出ますよ」というやり方を教えてくれる方もいます。そして、それが良いと思う方もいるでしょう。でも、私は好きではないということです。

私の想いや気持ちを汲んでくれた人がデザインしてくれたチラシやウェブサイトでないと使えないというのが私の性格です。しかも、そのデザインをしてくれた人が私を応援してくれる人だと、よりがんばれます。

わかりますか。ぜひ良い人、相性の合う人と出会ってほしいなと思います。

その他にも、今の時代はウェブを使った広告やSNSを使った広告など、色々なマーケティングの手法があります。最低五百円くらいから始められる広告などもあります。こういう情報は、ネットで調べれば山のように出てきます。

でも、大切なことは「誰に」、「何を」伝えるかを自分が明確にわかっていること。私自身は、これだけで成功してきたと感じています。

その上で、私はＲＴＨグループを次のステージに引き上げようとしています。だからこそ、さまざまな広告、マーケティング手法を用いる必要が出てきたと感じています。

こういう状況になったとしても、大切なことは「自分の想いを汲んでくれる人と仕事をすること」。言い換えればお互いに話し合い、意見交換し合える人と仕事をすることがとても大切です。

★身の丈に合ったマーケティング

マーケティングに関連して、私は今まで色々な失敗をしてきました。もちろん失敗という名の「経験」と私は捉えています。

例えば、駅に楽読の看板を百万円かけて出したことがあります。この看板を見て体験レッスンに来た人は何人いると思いますか？　ゼロです。一人もいなかったのです。

創業当時は大阪にいましたから、大阪のビルというビルに飛び込み営業をかけたこともあります。これでどれくらいの人が来てくれたか。こちらもゼロです。

駅前でチラシを配ることもしました。こちらは比較的体験レッスンに来てくれる方が多くいました。

理由を分析すると、一つには「配っている人が笑顔だったから」だと思います。毎朝、笑顔で「おはようございまーす」と言いながらチラシを配っている。その印象が良かったから、「ちょっと行ってみよう」と思う人がいたのでしょう。

もう一つは「チラシ＝紙」を渡していたからではないかと思います。「紙」をバカにしないでください。確かに最近はウェブを使った集客がメインだし、私自身も創業当時に流行っていたｍｉｘｉを使って情報発信をしていました。

でも「紙」は残ります。チラシを配っていた時も、そのチラシを持って一年後くらいにスクールに来た人がいました。その方は「なんか気になって、捨てられなかったんですよね」と言っていました。

私は**「カミ」という音が同じなので、「紙」は「神様」だと思っています。**チラシにせよ本にせよ、紙は残ります。

チラシで言えば、私がスクールを運営していた頃はビルの入口に大きめの看板を置いて、その横に透明の袋に入れたチラシをぶら下げておきました。雨が降って濡れてしまわないように、覆われている状態になっているわけです。通りがかって気になった人はそれを開けてチラシを持っていってくれる。

これは大変効果的でした。わざわざ看板の横にある袋を開けて、チラシを持っていく人は、速読あるいは楽読にかなり興味がある人だからです。そして、毎日チラシが何枚減ったかを確認しました。チラシが減った数はそれだけ速読に興味を持ってくれた人がいるというバロメーターになるのです。

私はこうした実地での体験を繰り返して、マーケティングを身につけてきたと感じています。

こうしたマーケティングに関しては詳しい人も多いですし、お金を払えばコンサルしてくれる人や、マーケティングを教えてくれる人もいます。そして、学びにお金をかけるのは決して悪いことではありません。

ただ、頭に入れておいてほしいのは**「その『道具』を自分が使えるかどうか判断した方が良い」**ということです。

私もこれまでに、何度も自分が使いこなせないコンサルティングを受けた経験があります。これは比較的最近の話ですが、ウェブマーケティングを月三十万円で教えてくれる人がいました。

実は、私自身は「本当に使いこなせるかどうかわからないな」と思って聞いていました。でも、仲間たちが「やってみましょう」というので受けてみることにしたのです。

結果、どうなったか。二ヶ月アドバイスを受けてみて、私たちには使いこなせないことがわかったのです。そのウェブマーケティングに付きっきりで取り組める人やチームがあれば使いこなせたかもしれませんが、当時はまだそうではなかったのです。

目標達成をひとつずつやる。

特に創業時・起業時はマーケティングにお金をかけることはおすすめできません。最初にかけるお金は可能な範囲にとどめ、その後は成果で判断していくことが大事です。

（何が何でも！
って楽しめてる？）

Message 7

セールス・目標の立て方

★「自分を知ること」が成功につながる

七つ目のメッセージは「セールス」についてです。

最初に「セールス」という言葉を聞いて、自分の中でなんとなく「嫌な感じ」があるかどうかチェックしてみてください。

どうでしょうか。「嫌な感じ」を持った人も多いのではないかなと感じます。

私は二十代の頃にこの感じを克服しました。**「セールス＝売り込む」ではなく、**

「セールス＝必要な人に届く」という意識を持つようにしたのです。

自分が提供しようとしている商品・サービスを必要としていない人に売ろうとすると、嫌がられます。こちらもキツくなります。

でも、求めている人に情報や商品・サービスを提供できたら、喜ばれますよね。その上で、喜ばれる金額を決める感じです。

前の章で「毎月最低いくら必要か」を明確にしましょう、と書きました。自分が最低限生きていく上で必要な金額はいくらか。直感的に「このくらい」という金額が頭に浮かんでいるのではないでしょうか。ただ、無意識なのでわかりにくいだけです。

ほとんどの人は高めの目標を設定するんです。そして「うまくいっていない」と思ってしまう。

でも、最低限の設定も確認していただきたいのです。最低限の設定を確認すると、生活できるだけの収入は得られているはず。

繰り返しになりますが、大切なことなので敢えて書きますね。

まず、最低限これだけの売り上げがあれば生きていける、これだけは稼げるというラインを設定することから始めてください。これが重要です。どんな手段を使ったとしてもこの最低ラインは稼げる。そう思える状態かどうかをチェックしてみてください。

そして、この最低ラインをきちんと稼げている、収入を得られていることを自分で認めて、ほめてあげてください。「自分はイケてる」と認めるのです。そこからがスタートです。

多くの人は向上心や大きな夢を持っているので、目標を高く設定しがちです。決して悪いことではありません。むしろ大切です。ただ、目標は良い意味で「青天井」。どこまでも高く設定できるし、実際にどこまでも稼ぐことができます。

良い意味で「欲」が出てくるわけです。

良いですか。「欲」が悪いもの、持ってはいけないものと思っている方はいませんか？　私に言わせれば**「欲」は「良くなっていくもの」**です。

ほら、「よく」の音が一緒ですね。

「欲」を出すと、自分が「良く」なっていく。そして、自分一人で良くなっていくことはあり得ません。欲を出すと、あなたが関わる人々、例えば家族も、一緒に働く仲間もみんな良くなっていく。それが「欲」です。

ぜひ自分の欲を書き出してみてください。書いてみると「自分はなんて良い欲を

（　許可をする。　）

持っているんだろう」という感覚に至ります。

大きな目標、欲を書き出す。そして、自分が生きていく上で最低限必要な額も明確にする。

大きな目標と、最低限必要な額が決まったら、その間にある「ひとまず、このくらいは稼ぎたい」という直近の目標額を設定します。大きな目標も最低ラインも、そしてこの「ひとまずの目標」も、明確に数字を入れてください。

そして、自分が提供する商品やサービス、もし起業されていない方であれば自分がやれそうなこと。それがどのくらい売れたらその数字になるのかを把握します。

その数字を見て自分が「これならイケる」と思ったら、この目標は達成できます。

★「イケる」と思える算数式に落とし込む

単価×数量＝売り上げ。これが一番単純な売り上げの算出方法です。

仕入れ額とか、人件費とかは一旦置いておいて、**自分が提供する商品やサービスがどのくらい売れたら、自分の「ひとまず」の目標に到達するか。これを描いてください。**自分が「イケる」と思える算数式にまで落とし込んでいただきたいのです。

この算数式が見つかっていない人はどうしたら到達できるかわからず、あっちいったり、こっちいったりしてしまいます。

私の場合、目標の立て方はこのくらいシンプルです。あとは心の底から「イケる」という実感が持てるかどうかがカギです。

私が理想として描いているのは「国境のない世界」。地球が一つになっている状態が夢であり、目標です。そのために生きています。その目標から見たひとまずの目標が「一兆円動かす」です。

ですから、この「一兆円」という数字をどうやったら弾き出せるのかを考えました。おそらく一年間くらいはこのことを考え、自分に問い続けたのではないかと思います。表計算ソフトのエクセルに数字を何度も何度も入れ直して、ああでもないこうでもないと考えました。

その結果、今の時点でしっくり来ている算数式は、次のようなものになりました。

百万人の方が十万円の経済を動かすマーケットが出来上がったら、月商で一千億円になる。そうなれば、年間で一兆二千億円になる。

この数字が出た時、私は「はい、見えた」と思えたのです。

私たちが理想とする「優しい人たち」が百万人集まって、売る人も買う人も喜び合って、助け合って、磨き合っている市場。

お客さまがクレームをつけるのではなく「こうしてくれたらもっと嬉しい」と伝えてくれる世界。商品やサービスを提供する側は、それを聞いてまた改善していく。結果、お客さまにも喜ばれるし、提供する商品やサービスのクオリティも上がる。

こういう「優しい世界」でないと、私の理想には到達しないと感じています。

その市場の中にいる人々がお互いに自分が提供できる商品・サービスを交換し合う。このマーケットを創り出すことで、一兆円を動かせると感じたのです。

このように、自分のひとまずの目標を達成するための算数式を見つけていただきたいのです。単価を変えるのか、人数を増やすのか、はたまた別のやり方をするのか。その答えは皆さんの中にあると感じます。いろいろ数字を入れ替えてみて「これなら

（リズムに乗って調子に乗る。）

イケる！」と思える算数式をぜひ見つけてください。

★喜んでもらえることの喜びから

売り上げやセールスというと、どうしても「売り込む」という姿勢になりやすいと思います。何度も言いますが、私がやってきたことは「売り込む」ではありません。必要な方に情報が届くためにはどうしたら良いか？　を考えることです。

そして、**売り上げとは「どれだけ相手を喜ばせたか」の数**だと私は考えています。

例えば、楽読で言えば今まで頭がザワザワして悩んでいた受講生さんの頭が、レッスン後にスーッと晴れる。爽やかな表情になる。その顔を想う。その喜んでくれた方の数が売り上げになると考えているのです。

ぜひ、喜んでくれている人たちのエネルギーを数値化してみてください。自分が提供した商品・サービス、あるいは自分が関わることでどれだけの人が笑顔になっているか、どんなふうに喜んでくれているか。それが結果として売り上げになる。そのイメージをどれだけ持てるかが重要です。

私は関わる皆さんの笑顔を思い浮かべて眠るようにしています。もう少し言うと、ベッドの上、布団の上でなくて良いのです。寝る準備を始める時に、自分が理想とする売り上げ、言い換えれば「どれだけの人が笑顔になっているか」を思い浮かべます。

「寝る時に何を想うか」。これが引き寄せの法則を活用する上ではとても重要です。理想の売り上げ、そして自分が関わった人たちが笑顔になっているイメージを持って眠りにつくことで、それが無意識（潜在意識）に刻み込まれていきます。

それは必ずあなたのパワー、原動力になります。

（　自分の幸せを想う。　）

「目標達成」という話をすると「そうは言っても、達成できないかも……」と不安になる方も多いでしょう。でも、これは体験としてお話しますが、自分が決めている数字は必ず達成します。

私は今、「楽読」のインストラクター向けに自分が理想とする売り上げを達成するための「直伝チーム」を結成して取り組んでいます。私の売り上げやビジネスに関する考え方ややり方をまさに「直伝する」ためのチームです。

そこで話していると、「楽読で〇万円売上を達成したい！」と言っているけれど、届かなかったというケースがあります。しかし、よく話を聞いてみると楽読と別の仕事も合わせたら、その目標に到達していた……ということがしょっちゅうあります。もちろん、これは無意識です。

要するに**「決めているとそうなる」**。このことは実証データも集まっていて、確信しています。

★目標達成のコツは「仲間とワチャワチャ」

ただ、ここに行くためには二つの「コツ」があるように感じています。

一つは**「なぜ達成できるか」「どうしたら達成できるか」をあまり考えない**こと。

商品やサービスの単価と、どれだけ売れれば目標に到達するかの算数式は出した方が良いと先ほど書きました。

でも、「それを実現するためには?」をあまり考えすぎると「できない」方に引っ張られてしまう傾向が強いと感じます。

目標数字を決め、その目標に届くために自分の商品・サービスの単価と数量を決めておく。それを決めて、後は日々やるべきことを淡々と行うのが良いと思います。

次に**「話し合える仲間を作る」**こと。

単に学んだだけでは、「決めている」のゾーンにまで到達できないと私は感じています。それよりも「ナナちゃんはああ言ってたけどさ！」とか「ほんまかな！　やってみよか？」とかワチャワチャ言いながら（笑）取り組んでみていただきたいのです。

ワチャワチャしていると、だんだん自分の中でのこだわっていることに気付けたり、自分にとって必要な情報、必要のない情報などの取捨選択がしやすくなります。

まず、自分が最初に達成したい数字を決める。月に三十万円でも良いし、五十万円でも良い。最初から百万円でも、もちろん構いません。こうして明確に意識して決めてみると「イケる」と本当に思えているか、まだ思えていないかがわかります。

最初は、思えていなくても良いのです。ずっと続けていると「思えていない」が自分でもわかってきます。そうすると「思いたい」が発動しますから、どんどん成長していきます。

ぜひ、一緒にワチャワチャできる仲間を見つけて（笑）、試してみていただきたいと思います。

そして、成功するためには「あきらめない」こと。当たり前だと感じるかもしれませんが、これもとても大切です。

✶自分の特徴を「ギャグ」・「ネタ」にする

繰り返し書きますが、人にはそれぞれ「性格」や「タイプ」があります。その性格やタイプを認めて、受け入れられると、仕事がしやすくなりますし、セールスにも活かせるようになります。

創業当時、一緒に創業したメンバーがお金のことで揉めて辞めたあとに一人だけ残った事務員さんがいました。彼女は私より十歳年上でとてもきれいな方でした。

彼女のセールスはけっこう強烈で、言ってみれば「生命保険のおばちゃん」みたいな感じだったんですね。それが原因で、当時私の元にクレームがよく来ていました。「ナナちゃんのやってる事業を誤解されるよ」と。

それを聞くたびに私は、もちろん忠告してくださった方にも感謝だけれども、彼女の「もっと広めたい！」という強い気持ちが何よりもありがたいなと感じていたのです。

そこで、わざとその方の名刺に**「おばちゃん専務」**という肩書を入れることにしました。そうすると、何が起こるか。

ワーッと売り込まれたとしても、**受け手側が「おばちゃんやからしゃーないか」と**

受け取ってくれるようになったのです。

これはかなり大阪的なやり方かもしれません（笑）。彼女の特徴を敢えてギャグにしてしまう。でも実際のところ、名刺に「おばちゃん専務」という肩書を入れてからはクレームが来なくなりました。

自分自身、あるいは一緒に働く人でも良いのですが、特徴やキャラクターをギャグ、ネタにしてしまうのはアリです。**面白がって自分の個性を出す。そうすると、相手も受け取りやすくなる。**「おばちゃんやったらしゃーないかー」と、面白がって認めてくれやすくなります。

それから、セールスでもう一つ。

「高校球児のようであれ」と、私はいつもおばちゃん専務に伝えていました。

（チャレンジを楽しむ。）

私、高校野球を見れないんです。あの一生懸命さを見てしまうと、泣けてしまって見ていられない。そのくらい一生懸命やっている人は、必ず周りから応援されると思いませんか？　セールスも同じです。

自分のやっていることに自信やプライドを持つ。もっと言えば「こういう志を持ってこの仕事を始めた」というものを、皆さん持っているはず。その志を応援してくれる人が、あなたの商品やサービスを売ってくれる人です。

ですから、まずは一生懸命やる。それを応援してくれる人と一緒にいられたなら、あなたのビジネスは確実に成功します。

一人だと、不安になることもあると思います。ですから、応援してくれる人と一緒にいて、ワチャワチャしながら（笑）、続けていっていただきたいと思います。

Case Study 「宇宙経営・起業編」の事例紹介（三十代・個人事業主編）

宇宙経営を実践して、起業して年収一千万円を突破し、その秘訣をまとめた本を出版した事例を紹介します。

元・ヨガ・インストラクターの起業事例
佐藤政哉さん（ニックネーム・まさやん）

Before 宇宙経営に出会う前

私と出会う前のまさやんは、ヨガや導引法、気功といった精神世界を探求し、本格的な修行（求道の道）に没頭していたそうです。そしてヨガのインストラクターとして教室を運営し、大きな成果を上げました。

しかし、日本一になったことでノルマはさらに上がり、心身ともに限界を迎えて、一時は、健康も、経済も、友人も、人生で大事なものをすべて失った時期もあったそうです。

努力することは、決して悪いことではありません。でも、自分を犠牲にしすぎる努力や、宇宙の法則を無視して、自力で頑張りすぎてしまうと、長続きすることはないと言えます。

宇宙経営の実践例

全てを失った後、まさやんは「楽読」と出会い、インストラクターになりました。さらに、「リターンスクール」のファシリテーターとしても活動を開始します。

リターンスクールの正式名称は「リターン・トゥ・ヒューマン・スクール」。「その人が本来あるべき姿へ還る」カウンセリングスクールやコーチングスクールのような独自の活動をしています。自分の使命を定め、自分らしく生きることを目指すプログラムです。

そのファシリテーターを務める中で、まさやん自身も成長し、次のステージの使命に気付いていきました。

自分が立ち上げ、育て上げてきた楽読のスクールを手放し、そして地元である東京を離れて、自分自身の「肚の声」に従って関西へ移住。「リターンスクールの専門家」という生き方を選択し、その道の第一人者となりました。

一般的には、わざわざ成功している事業を手放して、さらに自分と縁がない場所に引っ越して、新しい挑戦をすることは、大きな戸惑いや不安も感じると思います。

しかし、まさやんはわかっていました。何よりも大切なことは、自分の外側ではなく、「自分の内側」にあることを。

そして、「自分の本当の想いを大切にすることで、全てがうまくいく」ということを。

人の幸せを想う自分を褒める。

After 宇宙経営を実践後

一度は健康も、友人も、経済も、人生で大切なものを全て失ったというまさやん。「宇宙経営」と出会って、その状態から全てを取り戻し、今を幸せに生きられているのは、まさやん自身が「本当の自分」とつながり、「本当の自分との対話」を大切にし続けてきたからだと思います。

人生は、楽しいことばかりではないかもしれません。苦しいこと、辛いことが待ち受けていることもあります。でも、それを「全て自分が創り出しているとしたら」「全て良くなるために起きているならば」と捉え直すことで、目の前の現実は変わっていきます。

これがまさに「宇宙経営」の真髄です。まさやんは、そのことを自分の身をもって経験し、そして多くの人に伝えてくれているのだと思います。

（自分の価値を自分がわかってあげる。）

私にとっては、私の話をジャッジせず、また忖度もせず聞き、本音で付き合い、応援してくれる大切な仲間の一人でもあります。

まさやんは、現在、楽読インストラクターがより自分自身とつながり、理想の人生を送るために作った研修プログラム「リターンスクール」の代表をしてくれています。

「リターンスクール」とは何か？　どういうプログラムか？　については、まさやんが書いてくれた書籍『本来の自分へ還る～Return to Human～』に詳しく書いてありますので、ぜひ手にとって読んでみてください。まさやんの優しさと、情熱が感じられると思います。

（　毎日違うことを面白がる。　）

本来の自分へ還る

Return to Human

佐藤政哉

リターン・トゥ・ヒューマンの原点がここに――。

「本当の自分の心の声」を聞くことができれば、人は幸せになれます。

私の想いを受け継いでくれてこの本は生まれました。

RTH出版

本来の自分へ還る　～Return to Human～

佐藤政哉著　　RTH出版

完璧じゃないことを楽しむ。

第4章

起業の「継続的な成功編」

習慣化すれば、成功はカンタン

Message

8

時間の作り方・使い方

★仕事にかける時間が短くても成功できる

この章では特に、妊娠中や子育て中のお母さん、介護などで自由な時間、働く時間を確保するのが難しい方々へのメッセージをお送りしたいと思います。

ビジネス・仕事に関して、**多くの人が「むちゃくちゃ時間をかけないと成功しない」という思い込みを持っている可能性がある、**と私は感じています。

携帯電話のセールスで独立した時、私は三歳、二歳、一歳の娘三人を育てるシングルマザーでした。この三人を抱えて仕事をするのは、体力的にもまあまあきつい。

前にも書きましたが、私は当時トップセールスの野村さんから「一日五分だけ、この仕事を続けられるようにしとき」と言ってもらって、それを信じてやり続けました。

他の先輩たちはそんな私を見て「お前、それくらいの時間の使い方で成功できると思うなよ」と言ってきたのです。でも、私はそれを聞いてしまうと成功できないと本能的にわかっていました。

一体、どうしたか。

「ピー」って、わかりますか？　テレビで放送禁止用語を言った時とかに流れる音(笑)。あの音を頭の中で流すことにしたのです。そして内心は「お前、子ども三人抱えて仕事してみーや、ボケー」くらいの気持ちでいました。

私は三人の子どもたちのために「成功する」しかなかったから、折れなかった。

（体を休めることを怠らない。）

でも、起業したばかりの多くの人たちは「時間をかけないと成功しない」という思い込みを持った人たちからの声を聞いて、心が折れてしまうと思います。

結果、私は一年で年収一千万円を超えることができたのです。会社から年間でどれだけの報酬をもらったかの報告を見た時、ものすごくビックリしました。当時は生活保護を受けていたので、慌てて役所へ止めに行ったのを覚えています。

この経験をしているから、私は「一日五分で成功できる！」「一年後には絶対成功してる！」と自信を持って言い切れるわけです。

ただし、「成功するか、失敗するか」の二択だけは、常に「成功する」を選んでねとお伝えしたいのです。でないと、成功できませんから。

大切なことは、一日のうちに少しでも良いから時間を作ること。五分でも良い。究極、五分が無理なら一分でも構いません。とにかくハードルを下げて、仕事に使える時間を少しでも作ることから始めてください。

真面目な人は特に、この「ハードルを下げる」という考え方を意識して身につけていただきたいのです。

ここ数年、私は身体が痛くて、冗談抜きに九十歳のおばあちゃんよりも歩くのが遅いくらいの時期がありました（笑）。でも、運動はした方が良いことはわかる。

なので、マンションの部屋の中を歩くことにしました。往復で二〇〇メートルくらいあるから、五回往復すれば一キロになる。

最初は「よし、一日五回往復するぞ」と決めたんですね。

でも、できない。そこでハードルを下げて一日一往復にしようと決め直しました。

そうすると、毎日できるようになったのです。

これ、わかりますか。**「設定が高すぎると、動けない」**ということなんです。

ですから、五分でなくても、一分でも良いです。毎日、仕事に割く時間を作ってください。

私の場合、わざと「午後九時から五分」と決めていました。そして、その時間が来たら何をしていても、例えば洗い物をしていても、洗濯物をたたんでいても、その手を止めて仕事をする時間にしました。そうでないと、日々の雑務や目の前のことに追われて、仕事ができなくなってしまう。

「一日のうちに、どこかで五分」ではなく「何時何分から何分間」と決めることを、私はおすすめします。

このお話の重要なポイントは、実は「決めること」にあります。

一日五分、仕事をすると決める。何時から何分間は仕事に割くと決める。そして、それで人生が変わると決める。成功すると決める。決めたら、そうなります。ぜひ、それを自分の体験として味わっていただきたいです。

★自分を許す時間の使い方

時間が思い通りにならないことを、ダメだと思わない。これも、皆さんにぜひお伝えしておきたい考え方です。

まだ子どもが小さかった頃のこと。他のご家族と移動する際、一人で三人の娘を見ているから、私がダントツで遅いのです。正直、周りの人たちがちょっとイラッとしているな、というのも感じていました。

そんな時、私は魔法の言葉を使っていました。

「しゃーない」。これです。

誰かにわかってもらおう、とは考えませんでした。ただ、私が私の状態をわかっておいてあげたら良いと思ったのです。

「しゃーない」「自分のペースで」「大丈夫、死なないから」と、私はずーっと言い続けてきました。

この「自分を許す時間の使い方」は、これから起業する方にはぜひ覚えておいていただきたいものです。

私が仕事を始めた頃、最初は午後九時から五分間を仕事に使おうと思いました。

やってみると、子どもを寝かしつけてからの方が都合が良い。なので、次は午後十時から五分を仕事の時間にしました。でも、子どもと一緒に寝落ちしてしまうことだってあるわけです。

こんな時、私は自分を責めませんでした。「寝ることもあるさ」と自分を認めて、また次の日やろうとする。この繰り返しでした。ぶっちゃけ、私はこれだけで成功したと今でも思っています。

良いですか。常に「できていない」ではなく「できている」、「やろうとしている」の方にエネルギーを注いでいってください。

今、できていなくても良いんです。やろうとしている。それで十分素晴らしい。

「できていない」にフォーカスしてしまうと、さらにできなくなってしまいます。「絶対にできるから。今できていないことをそんなに悲観しなくて良いんだよ」と自分に伝えてあげてください。

自分を許す時間の使い方で言えば、私は一ヶ月に一度、自分へのご褒美を作りました。当時は娘が三人いて、それが毎日続く。その中で仕事もする。そうなると体力的にも精神的にも疲弊するわけです。

だから私は、一ヶ月に一度「二十四時間寝る日」を作りました。誰のためにか。もちろん自分のためにです。

元々、私は寝るのが好き。だから、一ヶ月に一度はゆっくり寝させてもらおうと思ったのです。子どもたちには餓死しないように（笑）、テーブルの上に食べ物を置いておいて、二十四時間寝ることを決めていました。

「娘をほっといて一日中寝るなんて非常識だ！」と思うかもしれません。「娘たちがかわいそう！」「そんなにサボって良いのか」という感情が湧く人も中にはいるかもしれませんね。でも、私にはそれが必要だったのです。

もしかしたら、娘たちは小さい時から「ママはわがままだなー」とか「私たちより自分のことを優先してる」と思っていたかもしれません。娘からは反面教師的に「私は息子のために生きる！」と言われたこともあります（笑）。

でも、それくらい**自分の想いやわがままを許してあげてください。**「時間を費やさないと成功しない」でもないし、「三六五日、一日たりともサボらずに仕事をしないと成功できない」でもありません。自分を許す時間の使い方を、ぜひ意識してみていただきたいと思います。

Message 9

自分で自分を整える

★トラブルは最高の「プレゼント」

実際に起業し、トライし始めると色々なことが起こります。

起業して、何のトラブルもなくスイスイっと進んでいけるかというと、その可能性は極めて低いと私は感じます。むしろトラブルこそが人生というか（笑）、トラブルこそが味わいであると言いたい気持ちすらあります。もちろん、その渦中にいると、なかなかそうは思えないかもしれませんが。

私は「トラブルはアトラクション」だと常々思っています。最近では「トラブルは

プレゼント」とすら思っています。

もちろん、最初はそう思えないでしょう。でも、それを経験する必要があったから起きていると捉えれば、トラブルが「プレゼント」になるわけです。ぜひ、プレゼントを受け取る準備をしていただきたいと思います。

九つ目のメッセージとして「自分の整え方」を挙げました。

私は今でも、毎日修練を重ねている実感があります。毎日のちょっとした取り組みが、大きな影響を与えます。私の表現で言えば、毎日のちょっとした取り組みを積み重ねていくと、やばいくらいの成果が出てしまうのです（笑）。

私は決して「特別な人」ではありません。良い意味で一般人です。でも、そんな一般人の私が自分を成功させるためにやり続けていることがあります。それを、ここでは紹介していきます。

（　生まれてきた日を思い出す。　）

まず、**「寝る時間を制覇」**です。はい、制覇しましょう（笑）。

この本でも繰り返しご紹介している通り、寝ている間の時間にはものすごいパワーがあります。私は寝る時間、それに加えて寝る前の三十分くらいをものすごく大切にしています。寝る前の三十分前くらいから「寝る時間」のモードに入るようにしています。

人間の意識は、自覚できる意識＝「顕在意識」と、無自覚な意識＝「潜在意識」の二つに分かれると言われています。そして、人間の意識のうち、九〇～九七％が無意識（潜在意識）だと言われています。

寝ている間、無意識（潜在意識）の扉が開いている。これは私の感覚です。寝る直前、そして目覚めた直後に見たもの、意識したことは無意識（潜在意識）の中に刷り込まれやすい。

そして、無意識（潜在意識）に刻まれていることこそが私たちの目の前の現実を創り出す。だからこそ私は、寝る前の時間をとても大切にしているのです。

私の場合、いまは「一兆円」規模のビジネスを作ろうとしています。ですから、自分自身に「兆」の桁を馴染ませています。では、現時点で私が実際に兆単位のお金を動かしているかと言えば、そうではありません。

だからこそ、無意識（潜在意識）の力を借りるわけです。寝る前に「兆」の世界をイメージして眠る。そうすると、私の無意識（潜在意識）に「兆」の桁が刷り込まれていくわけです。

私自身の無意識（潜在意識）が「兆」の世界に慣れていると、何か外部から情報が入ってきた時、それを「兆に至るための情報」に転換するようになるのです。

（リラックスして体を感じて眠る。）

何か目の前で大きなトラブルが発生したとしても「あ、兆のために起きているんだ」と無意識に転換できるようになる。それは、九七％の無意識（潜在意識）の力を味方につけているからです。

そのくらい、無意識（潜在意識）の取り扱いは大切なのです。

★ナナエ流「成功するための習慣」

無意識（潜在意識）を書き換えるためには、「起きた直後」も重要です。

私は、起きた時にまず「ニッ」と笑顔で目覚めるのが習慣になっています。そうすると、未来にもまた笑いたくなるような、楽しいことが起こります。

次に**「呼吸を深くする」**。

これは皆さん、意外と怠っているのではないかと感じます。人間は食べ物が無くてもおそらく一週間以上生きていけるでしょう。水がなかったとしても、数日は死なずに済むはずです。

では、呼吸ができなくなったら？　はい。数分で生命を保てなくなりますね。そのくらい、呼吸は本来人間にとって大事なものなのです。

自分がどのくらい深く呼吸をできているか。お腹を膨らませたり、へこませたりしながら、どのくらい息を大きく吸って、吐くことができているか。ぜひ意識してみていただきたいと思います。

「ひらめきを書く」。これもやりますね。自分の中で「ピコーン」みたいな感じで(笑)、アイデアやひらめきを思いつくことがあります。それをすかさずメモします。メモは紙でも、スマホでも良いでしょう。とにかく、忘れないうちにメモしておく。

目標を書いておく。

どうして思いついたのか、どうやって実現するかとか、そういうことは一旦置いておきましょう。**思いついたひらめきをとにかくメモする**のです。

そのメモがたまっていくと、いつか自分が何かをしようと思った時に「そういえば、あの時ひらめいたアイデアがあったな」と役に立つことがあります。思いついた瞬間にはわかりません。でも、後で必ずわかります。

次に**「目を閉じる時間を作る」**。

私たちは、目から入ってくる情報に大きく左右されています。その割合は、約八割と言われているくらいです。逆に言えば、それくらい視覚による「外」からの情報に影響を受けやすい。

だから目を閉じて、一旦その視覚からの情報をカットしましょう。そして、**自分の**

中を見るのです。

「ちょっと暖かく感じているな」とか「機嫌が良いな」とか「感動しているな」とか。「気になっていることがあるな」とか、自分の中に何かあるわけです。

このように自分の内側を感じにいってあげることを、私はものすごく意識しています。そうすると色々なことがうまくいきます。なぜかはわかりませんが、うまくいくのです。

最後に「全てうまくいく」と唱える。**特にトラブルが起こった時、「だからもっと良くなるんだ」、「全てうまくいくんだ」と唱えてみてください。**

思えていなくても構いません。思えていなかったとしても「さらに良くなる」「全てうまくいっている」と唱えて動くことがとても大切です。

これは本当に「後からわかる」んですね。唱えていたから物事が良い方向に動いていったということがわかる。

もし、トラブルが起きた時にそれを唱えていなかったとしたら？　きっと、もっと悪いことになっていただろう。そういうことに気付くはずです。

ここに挙げたことは、私が日々実践していることばかり。逆に、他のことは何もしていないくらいです（笑）。これこそが、私が成功した秘訣、習慣です。ぜひ、実践してみていただきたいと思います。

✸意図的にスケジュールを組む

「希望がないと生きている意味がない」と感じる人は多いのではないでしょうか。

実現するかしないかは誰にもわかりません。でも、自分の人生や未来に希望が持てない人は、生きていくこと自体、非常に厳しいのではないかと私は思っています。

大きな希望でなくて構いません。自分の希望を見にいく。常に自分の希望と理想を書く。書き続ける。そうすると、自分の中の感覚に目を向けることができるはずです。

今の私の状態で言えば、身体の調子が悪いので「身体が治りました」「健康です」「みんなと笑い合って仕事をしています」「自分の周りの人もどんどん豊かになっていきます」といった希望をとにかく書き出しています。書くのはタダですからね。

ひょっとしたら、「自分の理想を書けない」と感じる瞬間があるかもしれません。

自分の理想を書けない時。これは実は良い時です。

「書けない」ということは、そこに何らかのブロック、ブレーキがあります。自分が理想を思い描いたとき、何が「書けない」のかを確認する。そうすると、自分の「本当の」理想、希望が見えてきます。

ですから、丁寧に自分自身とコミュニケーションを取ってみていただきたいと私は思います。「なぜ書けないのか？」「何でも許されるとしたら、どんなものが見えてくるのか？」「それを思い切って書いてみたらどんな気持ちになりそうか？」といったことを、自分に問いかけてみてください。

これは、なかなか自力だけで進むのは難しいかもしれません。

例えば、私とコミュニケーションを取ると強制的に書けることもあります。ですから、あなたの希望や理想をジャッジせず、フラットな状態で聞いてくれる人に話しながら書くのも良いでしょう。

自分の理想、希望という意味では「わくわく計画書」に年表を書くことも良いでしょう。「わくわく計画書」は自分の理想や希望をとにかく書いていくもの。自分の理想がいつ頃に叶うかを勝手にスケジューリングするのです。

良いですか。「勝手に」です。実際にそれが実現するかどうかはわかりません。ただ、スケジュールに入れておくのです。

例えば、私は二〇二五年に五十五歳になります。二〇三〇年には六十歳。この年に「代表取締役を引退」と書いています。何度も繰り返しますが、本当にそうなるか、ならないかはわかりません。でも、自分の理想とする未来を描くのです。

自分の年齢を一緒に書いてみると、イメージが湧きやすいと思います。自分が四十歳の時、五十歳の時、六十歳の時。あるいは息子や娘、孫が二十歳の時、自分はどうなっていたいか。どういう自分でいたいのか。

自分が六十歳になった時、不健康でお金にも困っていて、家族とも不仲で……なんてなりたいと思わないですよね。だから、年齢を入れて、理想を見に行くことをする

（　憧れる人を想う。　）

のです。

この章で紹介したことを日頃実践するだけで、もう人生が変わります。絶対、と言っても良いです。絶対に人生が変わります。

ただ、人生が変わり始める時が自分ではわからないことが多いんですね。気付いたら変わっていた、という人の方が多い。

だからこそ丁寧に、自分の変化に目を向けていってみてください。

Message 10

出来事の捉え方

★出来事をどう捉えるか?を鍛える

人生は「出来事」の連続です。日々、新しい経験を積み重ねて人は生きていきます。ということは一分後、一時間後、もうそれまでとは違う自分になっているわけです。それまでは経験していなかったことを経験しているわけですから。

日々起こる出来事をどう捉えるか。そして、出来事の捉え方をどう鍛えるか。これがとても重要です。

「節目ごとの意図確認」、これで出来事の捉え方を鍛えていきます。「節目ごとの意図確認」とは何かというと、『引き寄せの法則』で紹介されている考え方です。何か行動を起こす節目に、その行動をする「意図」を確認することです。

例えば、「寝る前に理想を想う」。これも意図確認です。寝るという「行動」の前に、どういう状態で眠りたいか、どういう意図で眠るかを確認しているわけです。

あるいは「朝起きて、ニッと笑う」。これもそうです。この一日を楽しく生きようと意図しています。これらができたら、もう自分をほめてあげてください。

実は、節目ごとの意図確認はなかなか続かないくらいハードです。何かアクションを起こす前に「想う」「意図する」というのはまあまあパワーを使います。

私がこの本を書く際に何を意図しているか。それは、この本で私の成功哲学を伝えることで、みんなが起業して成功することを可能にするということ。そのためにやると決めています。つまり、**アクションを起こす前に結果を決めているわけ**です。

（何もしない日を作る。）

全ての節目ごとにできなくても大丈夫です。アクションの前に「想う」、「意図する」のは本当にパワーが必要なことですから、一日一回でもできたら、自分をほめてあげてほしいと思います。

「できなかったからバツ」ではなくて「一回でもできた自分、エライ！」の方にエネルギーを注いでください。

★「嫌」がわかれば、「好き」がわかる

起業をする。あるいは目標を立てる。そうすると、追い風になるような出来事も起こる一方で、トラブルやどう見ても障害になりそうな出来事が目の前にやってくることもあります。

そんな時も「目標達成のために起きている」と思ってください。

何かトラブルがあった、問題が起こった。そうしたらすかさず「あ、目標達成のために起きたんだ」と捉える。これがまさに出来事の捉え方を「鍛える」と書いた理由です。

そう思えていなかったとしても、「目標達成のために起きた」と捉えられるようにする。これは訓練が必要だと思います。繰り返し、続けていきましょう。

同じように「嫌な出来事」が起こることもあります。これも、**嫌なことが起きたら、嫌なことから好きなことへ素早く転換することが大切**です。

嫌なことを「好きになる」必要は全くありません。嫌なことはちゃんと「嫌なこと」として認識します。でも、嫌なことがわからないと「好きなこと」を見つけることもできません。

私は常々**「嫌がわかれば、好きがわかる」**と言っています。

自分の中で「嫌だな」と思うことは、その裏側に「理想」が隠れているということ。なので、この転換を早める努力をする。転換が遅いと、「嫌なこと」にハマってしまうんですね。だからこそ、素早く転換する訓練を積んでください。

嫌なことを転換するためには、一度吐き出すことも必要かもしれません。

例えば、パートナーとケンカしたとしましょう。その時に「ケンカしちゃいけない」と自分の中にしまい込んでしまうと、「本当はどうしたいか？」が見えにくくなります。

そうではなくて「パートナーとケンカをして、すごく嫌だ！」と吐き出してみる。

その時すかさず「じゃあ、どうだったら良い？」「好きな方は何？」と自分に聞いてみる。そうすると「優しいパートナーと一緒にいる」ことが理想だとわかる。それなら「優しいパートナーといたい」とメモしておこう、となる。

これを一人で行うのは難しいかもしれません。宇宙経営オンラインサロンのメンバーたちは、これを修練している人たちが多いです。先輩たちにコツを聞いてみたり、嫌なことを吐き出させてもらうのは有効だと思います。

一人でやるとしたら、**嫌なことがあったら心の声を書き出してみる**ことです。自分は何を思っていて、どうしたいのかをとにかく書き出してみましょう。

私の場合、アメリカに移住してパートナーのヨンソとうまくいっていなかった頃、何が嫌だと思っているのか、心の声をとにかくアウトプットしていました。そうすると、実は「孫にめっちゃ会いたい」とか、「それをヨンソに言えてなかったんだ」とわかった経験があります。

理想を書くのは、この後です。まずは自分の心の声を吐き出す方が先。今何が嫌なのかをちゃんと書き出しましょう。バツじゃないです。嫌だと思った気持ちに、バツを付けないでほしいと思います。

★物事は自分次第で何とでもなる

出来事の捉え方は、運命の分かれ道です。

嫌なことがあったら、「自分はこうしたいと思っているんだ」、「こうだったら嬉しいんだ」という方にエネルギーを向ける。嫌な出来事も「良くなるために起きているんだ」と切り替える。これがとても大切です。

心優しい人やピュアな人ほど、自分が怒ったり、嫌だと思ったり、相手に嫌な思いをさせた時に自己嫌悪に陥り「私が悪い」と思ってしまうことが多いようです。

最近も、ある女性が人に対して怒った。そのことに関して「私が悪いんです」と話しているのを聞いて、私は「たぶん相手が悪いと思うよ」と思っていました。

極力、自分を責めたり、バツを付けたりするのはやめてください。自分にバツを付けて得をすることはありませんし、バツを付ける必要も一切ありません。

私はよく「自責で捉える」と言います。

目の前で起きることは全て自分の無意識が創り出していますから、捉え方一つで変わります。でも、「あれが嫌だ、これが嫌だ」、「あの人がそうするからこうなるんだ」のゾーンに居続けると、それをリプレイして、ハマります。

他責にしていることに気付けないと、無意識でやっているので変えることもできません。

（瞑想する時間を持ってみよう。）

間違えないでいただきたいのは**「自分を責める」**ことと**「自責で捉える」**ことは、**一見似ているようで全く別物**だということです。

自責で捉えるとは自分の「無意識を認めること」です。このトラブルが起こったとすれば、自分の中にある何らかのデータが起こしたと捉えるしかない。でも、ここで「自分が悪い」とか「私のせいで」と思う必要はありません。

トラブルが起きた。なるほど。これは自分の中にある何らかのデータに違いない。だとしたら、どうする？　と考える。これが「自責で捉える」ということです。

私で言うと、アメリカに行っている時にクレジットカード会社が倒産して、入ってくるはずの千三百万円が入ってこないというトラブルが起きたことがありました。

「なんでこんなことが起こるんだ」「クレジットカード会社が悪い」

これはいずれも他責です。

「私のせいでこんなことが起きてしまった」「私が悪いんだ」

これは単に自分を責めているだけ、あるいは嘆いているだけです。

「クレジットカード会社が潰れた」という事実だけ見ると、およそ自分の責任とは考えにくいですよね。

でも、「私だ」と思う。

自分を責めるのではなく、自分の中にあるトラブルの原因になる「何か」を見つけに行く。自分の無意識を認めて、どんな情報が入っていたのかを丁寧にあぶり出していく。

（好きな場所をイメージする。）

これが「自責で捉えること」です。

目の前で起きている出来事は、全て自分へのメッセージです。何かトラブルが起きたとするならば、「何かに気付け」という内なる存在からのメッセージです。その出来事を他責にしてしまうと、未来をコントロールすることはできなくなります。

全ては自分次第なのです。自分次第で何とでもなると思えたら、本当に未来は自分で創ることができます。

これが、運命の分かれ道です。

これは、私一人だけが言っていることではありません。多くの先輩たちが実践し、書き残し、伝承していることです。『引き寄せの法則』もそう、『思考は現実化する』もそうです。

でも、多くの人がそう思えていない。それはほとんどの人が無意識の他責から抜け出せていないからです。**目の前で起こる全ての出来事を「自分が創り出した」と心の底から納得する。そして、それをどう捉え、転換するかを考える。**これも修練が必要だと思います。

理想を思い描くこと同様、自力だけで行っていくには限界があります。

こうした実践を信頼できる仲間と一緒にアウトプットし、フィードバックし合える場として宇宙経営オンラインサロンを作りました。行き詰まった時には、ぜひ覗いてみてください。

一歩ずつ一歩ずつ共に進む。

Message 11

プライベートの整え方

★起業と家族・パートナーとの向き合い方

起業を目指す方、あるいは自分でビジネスを展開されている方、特に女性起業家にとって仕事とプライベートのバランスをどう取るかが、とても大きなテーマになっているのを感じます。

例えば「起業しよう」と考えた時、親や家族、パートナーから反対される。これはとてもよく聞く話です。

もし、あなたが起業すると決めた時に「良いぞ良いぞ！」、「やってみたら良いよ！」と、家族やパートナーから応援されているとしたら。それはめちゃくちゃラッキーなケースだとすら思います。

スポーツを見ていると感じませんか？　「がんばれー」と応援されると、元々自分が持っている以上のエネルギーが出せてしまう。

あなたの家族やパートナーがあなたの起業、チャレンジを応援してくれているとしたら、ぜひ応援してくれている人への感謝の気持ちを持ってください。

エネルギーは循環します。そして、応援してくれている人がいる場合は「その方に喜んでもらう」という意図を持っておいてください。

わかりやすく表現するならば「恩返し」の気持ちです。私の場合、二千万円のマイナスを作り、どん底の状態で出会ったバリ島の兄貴、マルさんこと丸尾孝俊さんへの感謝と恩返しの気持ち。そして両親への恩返しの気持ちが心の中に強くあります。そのエネルギーが私の成功の原動力になっていると感じます。

逆に、家族やパートナーから反対されている、応援されていないと感じている方もいらっしゃると思います。その気持ちもとてもわかります。でも、一度**「反対されている」「応援されていない」と見るのをやめてみていただきたい**のです。

私の両親は私がビジネスをすることに対して、どちらかと言えば反対派でした。ある意味、今でも反対しているかもしれません（笑）。つい最近まで私に「ナナちゃん、そない会社を拡大せんで良い」と言っていました。要するに会社規模を小さくしろと。

なぜか。規模が大きくなると、万が一コケたらたくさんの人に迷惑をかけてしまう、という慎重な両親がいるのです。

確かに、反対されているような言動を真に受けると、苦しくなります。でもですよ。反対されているように見える、その言動の「奥」を見てみてください。なぜ反対すうのか。

るのか。うちの両親（特に父親ですが）で言えば、なぜ会社の規模を小さくしろという

それは私のことを心配してくれているからです。私の幸せを心から願ってくれてい

るからです。

起業しよう、チャレンジしようというあなたに反対している人の「奥」にあるものは、多くはあなたのことを想ってくれている「愛」であり、あなたの幸せを願ってくれている気持ちなのです。ぜひ、そちらにフォーカスしてください。

もちろん、反射的に反応してしまうことはあります。私も未だに、両親から心配波動を受け取ると、イラッとした表情になることがあります。そんな時も、その想いの「奥」にある願いにフォーカスする。そうすると、自ずと感謝に変わっていきます。

今あることに目を向けよう。

★言葉でわからせようとしない

反対してくる人が「幸せを願ってくれている人」だとしたら。なぜ心配するかと言えば、まだ結果が出ていないからでしょう。

では、「結果」とは何か。一つは経済。もう一つは成功しているあなたの笑顔です。

私の両親を見ていてもそうですし、私自身も娘たちを見る時にそう感じますが、実は親が子どもの何を見ているかというと「顔色」なんです。

健康そうか、そうじゃないかをめっちゃ見ています。ですから、お金にゆとりがありそうで健康な顔をしていると、親は多少安心するんです。

それで、私はどうしたかと言うと、親にお金を渡し始めました。そうしたら、なんと親は私に対して怒りました。特に父親には、私が伝えたかったことは通じませんんで

感謝していることを口にしてみよう。

したね。「オレはそんなもんほしいって言うたことないやろ！」と。だから、私の言いたいことが伝わる、母親に渡すようにしました。

この父親の行動が全て「愛」なのがわかるでしょうか。言動を見ると「なんでオレに金渡すんじゃー」と怒鳴られたとしても、です。この人は私のことを心配して、幸せを願ってくれているからこうなるんだと理解する。その想いだけを受け取る。

まさに**「言葉でわからせようとしない」**。心配してくれる人、幸せを願ってくれている人に、経済的な余裕と健康な顔という結果を見せてあげる。これがとても大切です。

ですから、皆さんぜひ成功することを決めてください。家族やパートナーからは恐らくこの先もずっと心配されます。でも、自分自身が絶対に成功する、結果を見せる。だから待っていてねと決める。これがとても大切なことだと私は思います。

★パートナーの「愛」を分析する

ここまでは家族、特に親との関わり方について書いてきましたが、次はパートナーとの関係について考えていきます。

「パートナーの愛を分析する」。これがとても大切なことだと私は思っています。

起業すると、どうしても仕事の優先順位が高くなります。帰ってくるのが遅くなったり、出張が増えて家を空けることが多くなったりする。そうするとパートナーがどう思っているのか、心配になることもあると思います。

私も同じことがありました。結婚した当初、パートナーのヨンソの顔が怖かったんですよ（笑）。常に真顔で笑わなかったから。私が男性の真顔を怖いと思ってしまうクセがあるのもありますが、それでも「何を考えてるんだろう」とか「どう思ってるんだろう」と思うことも多々ありました。

でも、やってくれていることを見ると、掃除、洗濯、食事などを何も言わずにやってくれている。**言葉や見た目にフォーカスすると、ついそれに反応してしまう気持ちがでてくることもあると思います。でも「行動」にフォーカスすると「ありがたいな」と思えることがあるはず。パートナーが自分のことを大事に思ってくれている、と感じられるはずです。**

そして、「パートナーが自分をどのように見ているか」を分析することも必要です。これはわからなかったら、パートナーご本人に聞いてみてください。

パートナーの行動や発言を見聞きして「こうじゃないか」とか「こう思ってるに違いない」と自分が勝手に推測して行動してしまう。そんなことが皆さんにもあるのではないでしょうか。

人は誰しも「推測脳」あるいは「危険回避脳」とも言うべきものを持っています。

だから、パートナーの言動を見て自分の中で「こうに違いない」と判断してしまう。ある意味「勝手に」です。相手に意図や真意を確認したわけではないですからね。

これは相手だけの問題ではありません。私とヨンソの関係で言えば、私がヨンソに対して「私のことをわかっていないもんね」と見ているから、その現実を創り出したのです。私がヨンソを「私のことをわかってない」と思って見ているから、ヨンソが私のことを理解していない行動をとるわけです。

わかりますか。ということは**「この人は私のことをわかろうとしている」もっと言えば「私のことをわかってくれている」とパートナーを見ると、そうなる確率はグッと上がります。**

いずれにせよ、目の前で起きている出来事がどのように見えているか、が一つの答えです。この出来事は誰が創り出している？　そう、私自身が創り出している。そう思えていないと、絶対に目の前の課題は解決しません。これはほとんどの人ができて

（今の気分を大事にする。）

いません。

★目の前の出来事は自分が創り出している

パートナーシップは特に共同創造です。だからこそ、相手に「全て自分が創り出したことだ」と伝えることも必要です。これも、私とヨンソは日々伝え合っています。

ある日、ヨンソが私のクリームを持って出張に行ってしまった。その時私はヨンソに対して「わかってないな〜」と思うわけです。一瞬ですね。その上で、それをさせたのは自分だと思うわけです。その状態で、ヨンソに伝えるんですね。

「ヨンちゃんが私のことをわかってない、と私が思ったから、この現実を創ったと思います」と、メッセージを送る。そうするとヨンソからは「いやいや、ぼくがナナちゃんの考えを聞くことを怠ったから、こうなった」と返信が来る。

どうでしょう。すごく平和なコミュニケーションだと思いませんか。

こういうコミュニケーションが家庭内でも、会社でも当たり前に行われるようになったら世の中は平和になる。私はそう信じています。「お前が悪い」「あんたが悪い」というコミュニケーションが、実はトラブルを引き起こすのです。でも、無意識に思ってしまうし、やってしまう。

私自身もヨンソとこういう関係になるまでに、たくさん失敗を繰り返してきました。衝突したり、相手のせいにしたり、色々なトラブルを積み重ねてきました。でも、今この状態にまで来られました。

まず「目の前の出来事は全て自分が創り出している」ことを認める。その上で、それをパートナーに伝える。

（本当は常に成長してる。）

言い換えると、自分の考えを相手に言葉でわからせようとしないことです。みんな「言ったらわかる」と勘違いしていますが、そんなことはありません。言ってもわかりません。残念ながら。

良いですか。それはなぜか。「わからせようとしている」からです。

わからせようとしているということは「あんたはわかってない」と自分が心のどこかで思っているからです。だから、「相手が自分のことをわかっていない」世界を創ってしまう。

私は私の考えや思っていることを伝えます。でも、それを相手にわからせようとか、押し付けようとは思っていません。ただ「私はこう思っている」ということを伝えているだけです。

意識としては、相手は自分のことを「わかってくれている」と思っています。

先ほど、親との関わり方のパートでも書きましたが、「言葉でわからせようとしない」ことがとても大切です。むしろ「わかろうとしてくれている」、「わかってくれている」と自分の中で決めておくのです。

つまり、ここでは「家族やパートナーとの関わり方」を取り扱っていますが、実際には「自分の整え方」をお伝えしているとも言えます。

家族やパートナーは、どうしても自分の感情が最も大きく動くところです。なので、ぜひその感情豊かな自分を認めて、許してあげてください。そして、自分を整え続けること。これが仕事とプライベートのバランスをとる上で重要なポイントです。

（お金の使い道を考える。）

Message 12

成功するための環境づくり

★見たもの、聞いたものがあなたを創る

十二番目のメッセージは「環境」です。成功するための環境づくりについて書いていきます。

目の前の現実は、自分自身が創り出している。もっと言うと、自分の無意識（潜在意識）が創り出している。このことは、この本でも繰り返し書いてきました。

でも、無意識（潜在意識）はそう簡単に変えられるものではありません。それぐらい頑丈、強情なものです。

ではどうしたら良いのか。**無意識（潜在意識）を変えていくのに最も効果的なのが「環境」の力を借りる**ことです。

人間は環境に順応する生き物です。人間は見るもの、聞こえてくるものに影響を受けます。これはもう「必ず」です。人間には、環境の情報をインストールする能力がそもそも備わっているのです。

例えば、なぜ赤ちゃんは話せるようになるのか。そう、人が話しているのを聞いているからです。耳が聞こえない方の中には、声帯があっても声が出せない方も多いと聞きます。それは人が話している声が聞こえないからです。

歩くこともそうです。赤ん坊は最初、四つん這いでハイハイすることしかできません。でも、少しずつつかまり立ちして、自分の足だけで立って、歩けるようになる。これは周りの人が歩いているのを見ているからです。

人間は見たもの、聞いたものを再現する力があります。ですから、見るものと聞くものを選んでください。目と耳がインプットの大多数を占めています。

インプットがあってから、アウトプットがある。これが人間です。なので、自分が見聞きする情報は、ぜひ慎重に選んでいただきたいと思います。

例えば、皆さんが「どうしたら私は成功できますか」と誰かに聞いたとします。すると、世の中の九九％はダメ出しをしてきます。私が娘三人を連れて家を出て、シングルマザーで起業した時は、まさにそうでした。だから、私はそういう話を「聞かない」と決めたのです。

ダメ出しをされたら落ち込みますね。だから、ダメ出しではなく、応援波動でフィードバックしてくれる人から話を聞くしかないのです。

もし、応援してくれる波動でフィードバックをくれる人が周りにいるとしたら、それはあなたにとってめちゃくちゃラッキーです。

見聞きするものに影響を受けるという意味では、メディアもあります。どんな情報に接するか。どんなメディアを日頃見ているか。自分の中に入れる情報は、よくよく吟味してほしいと思います。目と耳からのインプットは、ものすごいパワーがありますから。

★充電できる場所を見つけておく

人間は、見ているもの、聞いているものの影響を受けて生きています。ですから、嬉しい言葉をかけてくれる人を求めて、探してください。これが一番大事です。私が成功できたのは、この嬉しい言葉をかけてくれる人と一緒にいたから。これだけです。

（成長の記録をつける。）

人は元気な時に悪口やネガティブな情報に触れても、そこまで悪影響を受ける事はありません。「お、それを学べってことね」と、ポジティブに受け取ることもできます。繰り返しますが、これはあくまで「元気な時」です。裏を返すと、元気がない時に悪口やネガティブな情報に触れてはいけません。落ち込んでしまうからです。

元気がない時は充電が必要です。**自分がここにいると気分が良い、落ち着く、充電されると思う場所所、元気になれる場所を見つけておいてください。**

例えば、山や緑を見ていると元気になる、という方は多いと思います。自然には、むちゃくちゃ力があります。元気がない時には自然と触れ合う。太陽、緑、風、土、太陽。そういう自然と触れ合える場所や機会を持っておくと、自然と充電されていきます。

充電させてくれる「人」もいるでしょう。この人と会うと元気になれる、勇気がもらえる、癒やされる。そんな人が、皆さんにもいるはずです。元気なエネルギーが出ている人、応援エネルギーに溢れている人と、ぜひつながってください。

私が運営している「宇宙経営オンラインサロン」の中には「宇宙経営楽校」という学校があります。この宇宙経営楽校では、皆さんにイベントを立ててくださいとお伝えしています。

普通「イベント」というと、主催者が参加者に何か教えるイメージがありませんか。私が宇宙経営楽校で勧めているイベントは「私はどうしたら成功するか教えて下さい！」と参加者の皆さんから教えてもらおう、というものです（笑）。

実は、応援エネルギーに溢れた人たちに「どうしたら成功するか、教えて！」と聞くと「こういうホームページが良いよ」とか「こういう物が必要だと思うよ」「こうしてみたら良いんじゃない？」といった具合に、起業に必要な情報が集まってきます。

これが私の言う「環境を選ぶ」ということです。宇宙経営オンラインサロンを例に取りましたが、どんなコミュニティでも良いのです。あなたのことを承認し、応援し、認めてくれる人たちと一緒にいることが大切です。

環境という意味では「本当の自分とつながれる場所」を持つことも大切です。自分を許す、失敗を責めない、自分は生きているだけで素晴らしいと思える。そんな場所を探してほしいと思います。

それはなぜか。

子どもたちはどうしてあんなにエネルギッシュなのか、考えてみたことはありますか？　これは私なりの分析ですが、子どもたちは「内なる存在」と同化しているからです。

私も人から見ると元気に見えると思います。これも同じで、内なる存在と同化している確率が高いからです。

内なる存在、言い換えれば本当の自分とのつながりが弱まってくると、エネルギーが枯渇していきます。私は人々が本当の自分とつながれる場所を作りたくて『楽読』のビジネスを始め、宇宙経営オンラインサロンを立ち上げました。

楽読スクールでも、宇宙経営オンラインサロンでも、それ以外でも。どこでも構いません。本当の自分と深くつながることができる環境を探して、見つけてほしいと思います。

★「違い」がわかれば、自分自身がわかる

自分が行くと元気になれる場所、会うと元気になれる人を見つけておくことが大切ということを前に書きました。また、応援してくれる人、話し合える人と一緒にいることも「成功する環境づくり」の一貫です。ぜひ、意識してみてください。

（　繊細さに感謝。　）

一方で**「応援したい人」を見つけておくことも、私はおすすめしたいです。**応援はエネルギーです。応援してもらうことはもちろん、誰かを応援すること自体があなたのエネルギーになります。応援する人は自ずと人からも応援されます。ぜひ、自分が応援したい人を見つけておいてください。

「尊敬する人」も探しておいてください。尊敬する人がいると、その人を真似て学ぶことができる。そして、その人から得られることがたくさんあります。

その上で大切なことは、自分の考えをきちんと持っておくこと。

尊敬する人と自分と、意見や行動が違っても良いのです。むしろ違うことがわかることは、ものすごく重要です。

違いを教えてくれるのは人です。自分とは違う意見や考えがあるから、自分自身の意見や考えがより明確になります。

良いですか。**大切なのは「自分を知ること」です。**

自分の周りにいる人が「そういう風になりたくないな」という行動をしていたとしましょう。これは反面教師です。「嫌なこと」がわかれば「好きなこと」、言い換えれば自分の理想がより明確に見えてきます。

自分のことをよく知っているようで、実はわかっていない。それが人間です。自分だけでは自分の本当の理想や、本当に何を願っているかを知ることは難しい。人を見て違いを知って、そこで自分の本当の理想がわかってくるのです。

そして、その違いをも認めてくれる環境があれば、なお素晴らしいです。その環境こそが自分とより深くつながり、自分を認め、許せる場です。そういう環境に身を置くことができたなら、起業して成功することは難しくありません。

（「何がなんでも」って、経験をしたら
次は委ねるを知る。）

私にとって「起業」とは自立であり、独立です。言い換えれば「自分で立てる」ということ。それができる人は強いです。

この本を手にとって読んでくださっている皆さんは、恐らく優しい人です。そうなると、自分一人が豊かになればそれで良いとは思わないはず。自分の周りの人たちも豊かであってほしいと思うでしょう。

ぜひ、一緒に応援し合い、認め合い、許し合い、大切なことを伝え合いながら、一人でも多く年収一千万円を超える起業家が生まれてくださることを期待しています。

平井ナナエの創り出した事業

楽読

Rakudoku

楽読とは楽しく楽に速く読めるようになる速読メソッドであり脳のバランスが良くなり本当の想いを言葉にできるようになる、という人が人らしく生きるための要素が手に入るメソッド。2005年に1スクールから始まり、現在は日本全国86カ所、海外2カ所に展開している。(2023年1月末時点)

宇宙経営オンラインサロン

気になったこと、自分が苦手だけど克服したいことなど、失敗してもいいからチャレンジし経験を増やすことができる場として2019年にスタート。部活・オンラインプログラム・Q&A・ワークショップなど宇宙経営を学び、実践するためのオンラインコミュニティ。
約320名が在籍（2023年1月末時点）

本当の自分を生きると
本物のパートナーとも出逢える。

リターントゥヒューマンスクール

2011年に楽読創業者平井ナナエが、楽読インストラクターが成長することを意図した研修としてスタート。「リターンスクール」とは、理想を現実化.そしてそのための習慣力を養っていく場。感性を研ぎ澄ましたコミュニケーションを主体に、半年間の歳月を受講する仲間とともに、具体的実践を通して人生がより良きものになっていくプログラム。

社会貢献活動「こどもの夢プロジェクト」

2022年に始まった、RTHグループの目指す優しい世界を現実化するための「こどもの夢を応援する大人たちの祭典」大人の前で夢を発表する子どもたち、その子どもたちを応援する大人たちの背中をみて、周りの大人たちが巻き込まれていく。発表者もスタッフもクラウドファンディングで支援してくれた人も、みんなが主役になれるイベントを目指している。

（動きながら考える。）

RTHグループについて

MVP

M

ミッション：人が本来あるべき姿へ還る環境提供
人が人らしく生きる社会を創りたい！という願いを込めています。

V

ビジョン：世界ニコニコピース
世界中が平和になるのは、ひとりひとりが幸せを感じて生きていればそうなる、と感じています。

P

ポリシー：全てのベースは愛基準
人間だから失敗、過ちもあるでしょう。
しかし、愛を持って行なった失敗は大きな問題にはならない、と感じています。

クレド

楽読クレド七ヵ条は2014年の楽読全国インストラクター研修のなかで、参加者とともに作りました。ミッション、ビジョン、ポリシーをさらに具体化した、楽読インストラクターとしてのあり方を言語化したものです。

1. 自我自賛し、波動を上げて生きます
2. ご先祖様、両親、恩人、ご縁に感謝して生きます
3. 自然と共存し、感性を磨き続けて生きます
4. 未来の子どもたちのために今を生きます
5. 世界基準の家族愛で生きます
6. 仲間と繋がり、世界と繋がって生きます
7. リターントゥヒューマンします

（やりきっているかな？）

RTHグループで追求している働き方

『1人ひとりの人間性、性格、全員違います。似てるものはありますが全員違うんです。これを個性と言います。例え、同じ親から育った兄弟であっても全然違うんです。

違うということを認めているのが私たちの生き方。だから**その人の個性が活きる働き方をRTHグループでは追求したい。**

手始めに私が創った、創らされたと言ってもいいのが楽読です。楽読は脳トレなんですね。呼吸法も入っています。リターンスクールは話すことで無意識を見つけます。宇宙経営オンラインサロンはコミュニティ。

実はこの3つは土なんです。植物が育つための土です。この3つ以外の仕事はRTHグループじゃないのか？というと、違います。色んな種が育っていってるのが見えています。

土は何を与えてくれるのかというと「あなたの個性は何か？」を見つけ出してくれるんです。もう1つ、「それでいいよ。それがあなただよ。」という承認も土が与えてくれるものです。その人自身の個性が、土をつくる側の人もいます。私（平井ナナエ）はそのタイプです。

その土を頼って「私は◯◯という種です」という人がいてもいい。みんなが選べるという状態なのがRTHグループとしてのビジネスの育ち方だと感じています』

RTHグループのみんなはミッションを持っています。そのミッションを実現するために、既存の事業にこだわらず、みんなの想いを元に世の中を優しくしていく事業をこれからもしていきます。

（時間の使い方が命。）

平井ナナエの総合サイトはこちらから↓

平井ナナエが生み出した各種サービスやSNS、書籍情報などを一覧で見ることができるサイトです。ぜひQRコードからアクセスしてみてください。

平井ナナエ　Nanae Hirai Main Channel

宇宙経営とは、自分経営

平井ナナエのYouTubeチャンネル↓

YouTube

起業、ビジネス、パートナーシップ、引き寄せの法則などについて語っている動画が350本以上アップされています。肉声で聴きたい方にオススメです。

（スケジュールの描き方が人生を創る。）

あとがき

いかがだったでしょうか？
起業のイメージが変わったのではないでしょうか？

起業する理由、意味、価値をあらためて考えてみてください。
あなたが起業して成功したらどんな世界が見えますか？
あなたが成功したら誰が喜んでくれていますか？

そうです。未来を想定しておくのです。
そうすれば想定した通りになる確率は七〇%を超えます。

（本当の責任の取り方はその人ができるようにすること。）

幸せになるためのスタート。そのためには仲間が必要です。

仲間がいる方が簡単です。

しかし、自分の意見や想いを曲げて人に合わせていたのでは、本当の幸せには到達できません。

気の合う仲間、環境を選ぶことから始めてください。

否定される環境よりも肯定される環境を選んでください。

実績・成功の形ができるまで、否定する人とがんばって付き合うことは止めてください。

心が折れてしまっては成功できなくなります。

できるだけ応援される環境・仲間・人と出会ってください。


（節目に考える時間を持つ。）

そういう人と出会うまで行動してみてください。
必ずいます。あなたと気が合う人が。応援してくれる人が。
私はそういう環境を、娘たちのために創りたくて創業しました。
否定されるのではなく応援される世界。
応援された人が成功し、またその人が誰かの応援をする世界。
本来、人はそのようにして叡智を受け継いできたはず。
一人一人の個性を発揮して助け合うことで社会は成り立っていたはずです。
しかし、そんなことが感じられなくなってきています。
そんな社会を変えたくて私は創業しました。

助け合って、励まし合って、高め合って、磨き合う人たちが集う会社があっても良いと思って、私自身がまずはそういう会社を創ろうと思いました。

今ではその夢は叶っています。

これからは、私と同じように夢を持ち、家族・社会・世界のために夢を叶える人の力になりたいと思っています。

私の会社の名前は「ＲＴＨグループ」。
ＲＴＨとは、Return to Human の略です。

人が本来あるべき姿へ還っていただきたく、この名前で創業しました。

人は本来、助け合い、励まし合い、高め合うものだと思っています。
私の理想はそんな世界です。

（１日のスタートをいつもシミュレーションして動き出す。）

そのために「楽読」という事業を始めて、十七年が経ちました。

楽読とは速読トレーニングをアレンジした「脳トレ」です。

頭がいっぱいいっぱいになってしまっている社会人の方々の脳を休めてあげたくて創りました。

本来の自分、本当の想いを自分自身で感じられるようにプログラムしました。

本当の自分の想いを殺して生きてきた人へ「本当の自分」と出会う感動をお届けしています。

本当の自分の想いに気づいた人が、そのまま「本当の自分」で生きられる社会を作るためにオンラインサロンも始めました。

（とにかく理想の状態を描き続ける。）

「本当の自分の想い」を語れる場所。
助け合い、励まし合い、高め合い、磨き合える場所。
本当は私が起業・創業したときに求めていた場所。

これから起業・創業される方が早く楽しくチャレンジできるように、成功できるように、という想いでオンラインサロンを創りました。

楽読やオンラインサロンでお会いできます日を楽しみにしております。

ぜひ、幸せな起業にチャレンジしてください。

平井ナナエ

平井ナナエ／女性経営者

ＲＴＨグループＣＥＯ。

「宇宙経営オンラインサロン」主催者。

「楽読」「リターンスクール」などを創業し、国内外に二百名以上のインストラクターが在籍する五つの会社、五つの社団法人を経営。

一九六九年大阪で生まれ、十八歳で結婚し娘を三人授かり、二十三歳で離婚。シングルマザーとなった後、一念発起して、完全歩合の営業で生活を支える。厳しい現代社会で生きていく中で「人が本来あるべき姿へ還る」そんな社会を創るというミッションに目覚め、二〇〇六年創業理念である「リターン トゥ ヒューマン」（ＲＴＨ）に基づいた速読教室「楽読」を創業。二〇〇八年に倒産寸前の崖っ淵状態で人間技の限界に直面するが、それがキッカケで「引き寄せの法則」と「バリ島の兄貴・丸尾孝俊氏」との出会いで、奇跡のようなＶ字回復を遂げる。その後ミッションに共感する仲間が広がっていき、日本・韓国・アメリカなど、全世界に八十スクール以上展開し、インストラクター二百名以上を輩出。業界日本一の速読スクール展開となり、老若男女を問わず、多くの起業家・経営者を育成している。

二〇一六年に再婚。三人の娘と五人の孫を持つ母として、祖母として、現在はパートナーや多くの仲間と共に、未来の子どもたちのために、より良い地球を残すことに命を燃やしている。

宇宙経営最新情報や、無料動画コンテンツなども公開

◆平井ナナエ公式サイト　https://nanaehirai.com

あなたの起業が、人生と世界を変える

宇宙経営12のメッセージ ～起業編～

2023年5月5日　第1刷発行

著　者　平井ナナエ

プロデュース協力　斎東亮完
ライター　あべのぶお
編集協力　広瀬享子・石野慧太

発行者　太田宏司郎
発行所　株式会社パレード
　大阪本社　〒530-0021　大阪府大阪市北区浮田1-1-8
　　TEL 06-6485-0766　FAX 06-6485-0767
　東京支社　〒151-0051　東京都渋谷区千駄ヶ谷2-10-7
　　TEL 03-5413-3285　FAX 03-5413-3286
　https://books.parade.co.jp
　株式会社RTH
　　〒530-0012 大阪市北区芝田1-10-10
　　TEL 06-6359-1997

発売所　株式会社星雲社（共同出版社・流通責任出版社）
　〒112-0005　東京都文京区水道1-3-30
　TEL 03-3868-3275　FAX 03-3868-6588

装　幀　藤山めぐみ（PARADE Inc.）
印刷所　中央精版印刷株式会社

本書の複写・複製を禁じます。落丁・乱丁本はお取り替えいたします。
©Nanae Hirai 2023　Printed in Japan　ISBN 978-4-434-32037-8　C0034